Mrs. Arthur

Vol. 3

Frau Oliphant

Writat

Diese Ausgabe erschien im Jahr 2024

ISBN: 9789359949000

Herausgegeben von
Writat
E-Mail: info@writat.com

Inhalt

KAPITEL I.

Es war wie ein Traum, als alles vorbei war, so zusammengedrängt am Ende, so scheinbar grundlos; der plötzliche Ausbruch angesammelter Unzufriedenheit und Misserfolge, der in einem Moment ausbricht, sozusagen ein Sturm aus heiterem Himmel. Es gab keinen hinreichenden Grund für die Katastrophe; Zuvor hatte es zwischen ihnen größere Probleme und heftigere Auseinandersetzungen gegeben. Vielleicht lag es daran, dass es noch nie zuvor Zeugen gegeben hatte und dass die Bedrohung auch noch nie von Arthurs Seite ausgegangen war. Als er Underhayes verließ, von Durant fast mitgerissen, doch mit vielen Stichen im Herzen, die mit der Zeit zumindest die Liebe, die noch warm in ihm war, töten würden, konnte Arthur sein Eheleben nur als einen Traum betrachten. Nancy hatte sich geweigert, ihn zu sehen. Sie würde keine Vereinbarungen treffen, sich keine Bedingungen anhören, keine Versprechungen machen; Tatsächlich kommunizierte sie nur über ihre Eltern mit ihrem Mann oder seinem Freund und weigerte sich, etwas zu sagen, außer dass alles vorbei sei und sie Arthurs Namen nie wieder hören wolle. Der Vater und die Mutter waren zweifellos zutiefst betrübt. Mrs. Bates war im Großen und Ganzen eine vernünftige Frau, die, obwohl sie vielleicht geneigt war, ihre verheiratete Tochter in einem gewissen Maß an Torheit und Hitzkopf zu unterstützen, was die Ehren und Privilegien betraf, die „nicht mehr waren als das, was ihr zusteht". hatte ein Recht darauf", war jedoch entsetzt über die Vorstellung einer solchen praktischen Scheidung und Trennung; und ihr Mann teilte nicht nur dieses moralische Entsetzen, sondern war auch zutiefst begeistert von dem Gedanken, seine Tochter, für die er geglaubt hatte, wieder in seinen Händen zu haben. Den ganzen langen Sonntag und einige Tage danach tat Durant nichts anderes, als mit Vorschlägen aller Art zwischen den beiden Häusern hin und her zu gehen. Wenn Nancy nicht zurückkehren würde, würde sie sich dann Arthur in London anschließen und mit ihm nach Oakley gehen? Wenn sie nicht nach Oakley gehen würde, würde sie dann nach Wien gehen, wo sie einen Neuanfang machen könnten, nachdem sie hoffentlich eine enorme Lektion gelernt hatten? Auf all diese Vorschläge antwortete Nancy mit „Nein". Sie blieb oben und schloss die Tür ab, als ihr Mann selbst kam. Nein, sie würde nichts tun. Sie würde nicht zu seinen Freunden gehen, um von ihnen verachtet zu werden. Sie würde nicht mit ihm ins Ausland gehen, um sich unglücklich zu fühlen. Er wusste, wie sehr sie fremde Länder hasste. Sie würde nicht zu ihm nach Hause gehen oder ihn treffen, um diese Fragen zu besprechen. Er konnte gehen, wohin er wollte, sie würde sich ihm nicht in den Weg stellen. Sie würde ihn unter seinen guten Freunden nicht beschämen. Niemand sollte sagen, dass sie ihrem Mann zur Last fiel. Man kann sich nichts Verwirrteres, Aufgeregteres, Fieberhafteres vorstellen als den Verlauf dieser schmerzhaften Tage; aber schließlich wurde sogar Arthur klar, dass das nicht länger so weitergehen konnte. Viele kleine Hinweise auf einen Zustand der Dinge, von dem er nie geträumt hatte und der für das Selbstwertgefühl, das jedem Menschen innewohnt, tödlich war, wirkten sich ebenso auf das Gemüt des armen jungen Mannes aus wie der tatsächliche Kummer des Augenblicks. Dass man ihn für einen guten Partner gehalten hatte, war unter den gegebenen Umständen vielleicht unvermeidlich; aber selbst das ist nicht angenehm; Und zu wissen, dass Ihre Frau zum Haus ihres Vaters gegangen ist, um sich über Sie zu beschweren, ist eine Beleidigung, die nur wenige Männer leicht verzeihen könnten. All dies erzeugte in Arthurs Geist einen Eindruck schmerzhafter Unwirklichkeit in der Vergangenheit, als die es nichts Verletzenderes, Bittereres auf Erden gibt. Dass die Liebe scheitert und sich die Herzen ändern, ist schon schlimm genug; Aber dass die Liebe, an die Sie implizit geglaubt haben, überhaupt nie hätte existieren dürfen, dass Ihre Zuneigung als eine Angelegenheit von weltlichem Vorteil angesehen und Ihr Verhalten mit anderen hätte besprochen werden dürfen – welcher Gedanke kann tiefer schmerzen? Es zerstörte nicht nur Arthurs Vertrauen in seine Frau, sondern auch seinen Glauben an das Leben, das sie zusammen geführt hatten. Bislang war es ihre zu große Aufrichtigkeit gewesen, ihre Unfähigkeit, etwas vorzutäuschen, dachte er, der arme Kerl, was ihnen den entscheidenden Vorsprung verschafft hatte. Und nun war alles unaufrichtig, wurde alles vom Anfang bis zum Ende vorgetäuscht? Sein Kopf schien sich zu drehen, und die schwindelerregende Welt schien sich mit ihm zu drehen, und dieser Zorn, „der wie Wahnsinn im Gehirn wirkt", der Zorn, der halbe Liebe ist und jede Verletzung mit doppelter Verschlimmerung des Grolls und doch der Sehnsucht spürt, nahm Besitz von seinem Geist. In diesem Zustand verließ er Underhayes. Durant hatte in Arthurs Namen die sorgfältigsten Vereinbarungen für Nancy und ihren Vater getroffen. Sie sollte die Villa behalten, wenn sie wollte, und die Hälfte des Taschengeldes, das Sir John seinem Sohn gab. Arthur hätte alles gegeben, wenn das möglich gewesen wäre. So wie es war, würde es ihr gut gehen und sie könnte tun, was sie wollte, entsprechend ihrer Erziehung, um ihrer Familie zu helfen und eine wichtige Position unter ihnen einzunehmen. Der arme junge Kerl dachte mit Bitterkeit, dass dies für sie angenehmer wäre als jede Erhebung, die sie mit ihm hätte erreichen können; und vielleicht gab es tatsächlich einen Grund dafür, denn die Erhebungen, die sie als Arthurs Frau erreichen konnte, waren gewissermaßen Demütigungen. Jeder in seinem Rang betrachtete sie mit Staunen, mit Neugier und Misstrauen, als ob es sich um ein Geschöpf einer anderen Rasse handelte. Ihre Handlungen wurden genau unter die Lupe genommen, ihre kleinen Unvollkommenheiten wurden zur Kenntnis genommen, wie es sonst nie der Fall gewesen wäre. Während Nancy als reichstes Mitglied der Familie, die von Natur und Stellung gleichzeitig über allen stand, als Familiengöttin und Schönheit und als erfolgreichstes Mitglied angesehen und verehrt wurde. Vielleicht war es nicht wunderbar, dass ein junges Geschöpf ohne Pflichtgefühl, das, wie Arthur sagte, lediglich erwartet hatte, in seiner Ehe glücklich, geschmeichelt, umworben und gestreichelt zu werden, und das eine solche Enttäuschung erlitten hatte, das tun sollte Ich bevorzuge die Position, in der sie ein wenig von dem für sie natürlichen Selbststolz und der Selbstgefälligkeit zurückgewinnen könnte. Der erste Schlag, der diese Selbstgefälligkeit trifft, wie schrecklich ist er! Und Nancy war niedergeschlagen worden, obwohl sie es nicht zugeben wollte, durch das Gefühl allgemeiner Missbilligung, durch den Mangel an Selbstvertrauen in sich selbst.

Und es wäre unmöglich, die seltsame Trostlosigkeit und das Gefühl zu beschreiben, dass alles vorbei und vorbei war, mit dem dieses eigensinnige und hitzköpfige Mädchen am Morgen nach Arthurs Weggang in ihrem Elend erwachte. Die Bewährungszeit der letzten Monate war für Nancy sehr schlimm gewesen. Sie war der höheren Meinung, die man von ihr gebildet hatte, nicht ganz unwürdig, wie der arme Arthur zu glauben geneigt war; tatsächlich war es das feinere Element in ihrer Natur, das sie in der letzten Belastung und Prüfung in die Irre geführt hatte. Sie, die Vorgesetzte ihrer Familie, die in den poetischen Himmel der Verehrung eines jungen Liebhabers erhoben worden war, war nach ihrer Heirat sofort in einen bodenlosen Abgrund der Minderwertigkeit und Demütigung gestürzt. Es hatte an ihrem Hochzeitstag mit der Vision von Lucy begonnen, bei der ihre eifersüchtigen, plötzlich erleuchteten Augen auf einen Blick so viele Unterschiede, so viele Vorzüge erkannt hatten, die sie selbst nicht kannte — und mit Arthurs Einwand gegen ihr lachsfarbenes Kleid. Dann wurde ihre Unwissenheit, ihr Mangel an auch nur der elementarsten Vertrautheit mit der Welt, mit der er vertraut war, dem alarmierten, verärgerten Mädchen auf allen Seiten bewusst. Je mehr es ihr fehlte, desto heißer wurde die unterdrückte Wut in ihrem Herzen gegen sich selbst, ihr Hab und Gut, ihre Erziehung und die neuen Umstände, die all ihre Mängel zum Vorschein brachten. An erster Stelle stand der Stolz, und die Eitelkeit der geschmeichelten und selbstbewundernden Jugend hatte sich wild gegen das offensichtliche Bedürfnis nach Verbesserung, nach Bildung und Bildung erhoben, die allein dazu geeignet gewesen wären, Arthurs Frau zu sein; Und wenn sie mit stolzem Abscheu und Selbstbehauptung den Gedanken an eine Verbesserung ihrer selbst ablehnte, was blieb ihr anderes übrig, als Arthurs Welt den Rücken zu kehren und ihn in ihre eigene zu ziehen, wo sie sich wohl fühlte, wo sie immer noch war Erstens, was ist passiert? Dies hatte jedoch Nancys Gemüt nicht befriedigt. Sie war hier nicht zufriedener gewesen als anderswo. Allein die Tatsache, dass sie ihren Mann in diese dörfliche Atmosphäre zurückzog, die er geduldig oder ungeduldig, je nach Stimmung des Augenblicks, aber immer mit Mühe, unterstützte, war an sich schon ein Eingeständnis des Scheiterns. Sie war für die Gesellschaft seinesgleichen ungeeignet; und er, war er nicht für sie ungeeignet? Nichts davon hatte Nancy zu sich selbst gesagt, aber sie alle drängten sie in ihrem Inneren auf und drängten sie gerade durch ihren Tumult und ihre Unruhe dazu, sich immer mehr und mehr diesem törichten und falschen Weg hinzugeben.

Niemand wusste besser als sie, wie dumm und falsch es war; doch je mehr diese Überzeugung wuchs, desto unbändiger wurde ihre Entschlossenheit, sich von niemandem aufhalten zu lassen, sich niemandem zu unterwerfen, sich als allen gleich oder überlegen zu behaupten und alle Rücksichtnahme, die einer Prinzessin zustehen konnte, für sich in Anspruch zu nehmen. Sie hatte diese Gefühle nie in Worte gefasst, so leidenschaftlich und heftig sie auch waren, und sie hatte auch niemanden auf der Welt, dem sie sie anvertrauen konnte. Armes Mädchen! Der Konflikt in ihrem Kopf war oft unaussprechlich gewesen; Aber sie hatte die ganze Zeit über verzweifelt an der veränderlichsten und ärmsten Stütze ihres persönlichen Stolzes festgehalten. Und das hatte sie, wie wir gesehen haben, in alle möglichen Torheiten getrieben, und schließlich in diese Torheit, die ihren Höhepunkt erreichte. Sie lag die ganze Nacht schlaflos da und weinte und dachte an Arthur. Es wäre besser für ihn. Nicht mehr würde dieser ängstliche Ausdruck auf seinem Gesicht erscheinen, der Ausdruck, der sie in den Wahnsinn getrieben und sie rauer und selbstbewusster als je zuvor gemacht hatte, diese Angst vor ihrem Verhalten und ihrem Aussehen, die sie vor dem Bewusstsein, dass sie still war, zum Kribbeln brachte Nancy Bates und würde immer noch als solche beurteilt werden, was auch immer passieren würde. Mit Nancy Bates würde er sich jetzt keine Sorgen mehr machen. Er würde ungehindert zu seinen guten Freunden zurückkehren, wo niemand Fehler in der Kleidung machte und wo jeder als sein ABC die Dinge kannte, die ihr ein Rätsel waren. Er wäre frei; Nancy sprang in ihrem Bett auf und ballte die Hände, ihre Augen waren schwer, ihr Kopf heiß, ihr Gehirn fast verrückt vor Leidenschaft – er würde frei sein! und sie ging hierher, um verhöhnt, angelächelt und auf eine Frau gezeigt zu werden, eine Frau, die verlassen worden war. Dann verschwand dieses wütende Gefühl der Demütigung und verwandelte sich in das Gefühl von etwas Besserem, das sie verborgen hatte und das niemand je gekannt hatte. Sie war eine Versagerin; Aber wer würde ihn unter all den guten Menschen, die er treffen könnte, so sehr lieben wie sie? Wer würde so viel an ihn denken? Der Gedanke an ihn hatte Arthur wenig Freude bereitet; Ihre Liebe war eher wie ein Feuer gewesen, das versengte und verkohlte, als wie ein Feuer, das wärmte und erfreute – doch wer würde treu sein wie seine Frau, wenn ihm etwas zustoßen würde, wenn ihm Ärger in den Weg käme, treu bis zum Tod, bereit zur Konfrontation? jede Gefahr für ihn; aber das würde er nie erfahren. Die Gefühlsschwankungen, die sie dabei durchmachte, machten Nancy glücklicherweise krank. Ein oder zwei Tage lang hatte sie Fieber und blieb im

Bett, wo ihre Mutter und ihre Schwestern sie mit eifriger Fürsorge versorgten. Es hatte ihnen nie an Freundlichkeit oder Zuneigung gefehlt, aber jetzt waren sie ängstlicher und besorgter als je zuvor, denn Nancy war immer noch die großartige Person der Familie. Im Vergleich zu ihnen war sie reich. Sie hatte ein eigenes Haus – sie war eine Dame. Aus ihren Händen könnten ihnen unzählige Vorteile zufließen. Dies war nicht notwendig, um diese guten Menschen freundlich zu ihrem eigenen Fleisch und Blut zu machen; aber dennoch erwärmen und beleben solche Überlegungen das menschliche Gefühl. Sie mochten Nancy nicht wegen dem, was sie zu schenken hatte, aber die Tatsache, dass sie etwas zu schenken hatte, schmälerte ihre Zuneigung nicht. Sie brachten das Haus zum Schweigen und sorgten dafür, dass es ruhig blieb, was Charley das Leben schwer machte und den Vater zu einer Last für ihn machte, Nancy zuliebe. Es seien ihre Nerven, das arme Ding, sagten sie, und alles müsse Nancys Nerven weichen – Dinge, die es im Haus bisher nicht gab.

Als Nancy jedoch nach ihrem Krankheitsanfall endlich die Treppe herunterkam, verspürte sie nicht nur das schreckliche Gefühl des Neubeginns, das die Seele nach jedem großen Unglück quält, sondern auch eine plötzliche und phantastische Steigerung des Elends in dem Ekel, der sie erfasste sie für ihre ganze Umgebung. Sie hatte nicht nur ein neues Leben beginnen müssen, ohne Arthur, ohne Hoffnung, ohne dass eine zukünftige Erweiterung ihres Horizonts möglich gewesen wäre; Aber das Zuhause, nach dem sie so sehnsüchtig gesucht und an dem sie trotz Arthurs und seiner Missachtung geklammert hatte, veränderte plötzlich sein Aussehen für sie. Sie spürte es am ersten Nachmittag, als sie, obwohl unnötig, von ihrer besorgten Mutter gestützt, die Treppe herunterkam und in den alten Sessel neben dem Feuer gesetzt wurde, das hell brannte, obwohl es auch nicht nötig war, auf diesem weichen Sofa Frühlingsnachmittag. Kaum hatte sie sich auf den Stuhl gesetzt, der ihrem Vater gehörte, nahe am Feuer und an dem kleinen Mahagoniständer, auf den er seinen Rum und Wasser stellte, als plötzlich Abscheu sie erfasste. Die Nachmittagssonne schien in den Raum und verriet Staub, wo Staub nicht zu erwarten war, und zeigte die Unvollkommenheiten von allem – das alte Stoffsofa in der Ecke, den nicht sehr sauberen Teppich, den mit bemaltem Wachstuch bedeckten Tisch. Gemeinheit, Kleinheit und Armut schienen in jedem Detail vorhanden zu sein. Die Luft war zu warm und nicht frisch, hatte aber noch den Geruch des Abendessens, des Biers und des Käses, mit dem es beendet worden war; denn Mrs. Bates hatte nicht gern das Fenster geöffnet, um die Luft für den Kranken zu kühlen. Welcher Zauber war auf dieses Zimmer gefallen, nach dem sie sich so sehr gesehnt hatte und in das sie so zufrieden zurückgekehrt war? Wie gemein es aussah, was für ein beengter, ärmlicher Ort, unschön, unsüß! Und dorthin hatte sie Arthur gezerrt! Das war der Gedanke, der wie ein Pfeil durch Nancys Kopf flog. Sie brachten ein kleines Tablett mit Tee und heißen Muffins, um ihren Appetit anzuregen, und Mrs. Bates war gleichzeitig beunruhigt und verärgert, als sie es verärgert wegschob und sich weigerte zu essen.

„Ihr wisst alle, dass ich Muffins nicht ertragen kann!" schrie Nancy und schob es unsanft weg; und ihr eigenes Handeln machte sie krank vor Selbstekel, als sie unbewusst bemerkte, wie unhöflich, wie unhöflich und undankbar es war. Ja, sie war wie der Ort, unhöflich, unhöflich, keine Dame! Sie hätte weinen können, aber sie war zu stolz, um zu weinen, und statt dieser unschuldigen Erleichterung wurde sie in ihrem Elend wütend und bemängelte alles. „Oh, wie heiß ist es!" Sie rief: „Wie kann man in dieser drückenden Atmosphäre leben? Man könnte meinen, Sie würden immer zu Abend essen, es ist so stickig – machen Sie um Himmels willen das Fenster auf!" Aber als das Fenster geöffnet war, begann sie zu zittern. „Es gibt keine Ecke, die nicht im Zuge ist", sagte sie. Nichts von dem, was sie taten, gefiel ihr. Sarah Janes lärmende Art, wie sie herumfegte, hier einen Stuhl und dort einen Fußschemel umwarf und gegen den Tisch fegte, war unerträglich, und Matildas zurückhaltende Stille war nicht viel besser. Nancy ging alles auf die Nerven. Und hierher hatte sie Arthur gebracht! und war wütend gewesen, dass er nicht erfreut war; und nun war Arthur verschwunden und wurde nie mehr gefunden. Oh, wie sank ihr das Herz in ihrer elenden Brust! Dann kam Tee, das Tablett wurde auf das Wachstuch gestellt, und diesmal wurde ihr anstelle der Muffins heißer Toast serviert. Der Raum war jetzt voll, ihr Vater und Charley gesellten sich zu der Frauengruppe. Mr. Bates sah sie mit einem „Hmpf!" an, als er hereinkam, in seinem Stuhl sitzend. der Missbilligung. Sollte sie nicht nur im Hinblick auf all ihre Hoffnungen ein Misserfolg sein, sondern auch seinen Platz einnehmen und alle rauswerfen? Nancy sah den Blick und sprang wütend auf.

„Oh, du sollst deinen Stuhl haben!" Sie weinte und zog sich auf das Sofa zurück, wo ihre Mutter befürchtete, sie würde sich so weit weg vom Feuer erkälten. "Kalt!" rief Nancy, „Ich glaube, ich werde nie wieder cool sein. Du weißt nicht, wie stickig es in diesem engen kleinen Raum ist."

"Auf mein Wort!" sagte Sarah Jane. „Niemand ist verpflichtet, hier zu bleiben. Es ist gut genug für uns, und das könnte auch für Nancy der Fall sein. Ich sehe nicht, dass sie besser ist als die anderen."

„Oh, halten Sie den Mund, Sarah Jane", rief Mrs. Bates; „Siehst du nicht, dass es deiner armen Schwester schlecht geht und dass sie nicht in Ordnung ist?" Aber es gefiel ihr auch nicht, wenn man den Salon „spießig" nannte. Wenn es für die anderen gut genug war, warum war es dann für Nancy nicht gut genug? Und dann widmete sich die Familie ihren Abendbeschäftigungen, und die Lampe wurde hereingebracht, die dem Tee den Geruch von Paraffin hinzufügte. Und dann trank Mr. Bates seinen Rum und Wasser; und Mr.

Raisins besuchte Sarah Jane. Er kam mit einem witzigen Gruß an die Familie herein, der alle zum Lachen brachte.

"Hier sind wir wieder! und wie ging es euch allen?" sagte er mit raffiniertem Scherz; und war gerade auf dem Weg zum Sofa, das die Ecke des Liebhabers war, als er Nancy dort sah und mit einem bedeutungsvollen Ausdruck der Bestürzung und einem langen Pfiff der Überraschung näher kam. Nancy konnte es nicht länger ertragen. Sie fuhr mit einem Wutschrei auf und flog die Treppe hinauf in ihr Zimmer, krank vor Ekel und Elend.

„Magst du es, wenn ich beleidigt werde, Mama?" sagte sie, als Mrs. Bates ihr folgte. „Wie kannst du diesen vulgären Kerl ertragen? und wie kann er es wagen, mir seine Unverschämtheit zu zeigen?"

„Meine Liebe", sagte Mrs. Bates, „Sie dürfen nicht unvernünftig sein. Er wollte nicht unverschämt sein. Auch wenn wir nicht über die Vorzüge verfügen, an die Sie gewöhnt sind, Nancy, dürfen Sie dennoch die Vorzüge Ihres alten Zuhauses nicht vergessen –"

"Vorteile!" Nancy murmelte leise, aber der Stolz unterdrückte den Schrei. Hatte sie nicht für diese Vorteile ihr Leben geopfert und ihre eigene Existenz in den Wind geschlagen? Sie ging unglücklich zu Bett und weinte in den Schlaf.

Dies war nur ein melancholischer Beginn des neuen Lebens. Als sie hinterher hörte, welche Vorkehrungen Arthur für ihr Wohlergehen getroffen hatte, war ihr erster Impuls, nichts zu akzeptieren.

„Ich bin keine Frau für ihn", rief sie, „und warum sollte ich sein Geld nehmen? Ich werde sein Geld nicht nehmen. Was bin ich für Arthur jetzt, wo er mich ernähren sollte? Es ist, als würde man Almosen annehmen."

Aber hier kam Mr. Bates ins Spiel, der in solchen Angelegenheiten über eine gewisse Autorität, wenn auch nicht über großen Einfluss auf andere Weise verfügte. Mr. Bates würde keinen Unsinn ertragen. Es war schon schlimm genug, dass die Verantwortung für seine Tochter und ihr Verhalten als verheiratete Frau, die von ihrem Mann getrennt war, auf ihre Eltern fallen sollte; aber ihre Unterstützung sollte es auf keinen Fall tun, das war ihm klar. Und Nancy, frisch von all diesen Konflikten und Nöten, war vor ihrem Vater eingeschüchtert und wagte nicht, sich ihm zu widersetzen, trotz all ihrer Bemühungen, sich zu behaupten. Sie, die Arthurs Liebe und Großzügigkeit nicht nachgegeben hatte, gab der praktischen Entschlossenheit des Steuereintreibers nach. Sie konnte nicht anders. Und nach ein paar Tagen zunehmenden Elends in diesem „Zuhause", für das sie so viel geopfert hatte, war Nancy froh, sich mit der vernünftigen Matilda als Begleiterin in die Villa zurückzuziehen und in so veränderter und gefallener Lage neu anzufangen, so gut es ihr möglich war Die Umstände haben die Karriere so perverserweise abgebrochen. Zumindest war es eine Erleichterung, dem stickigen Salon und dem Rum-und-Wasser-Getränk und dem Witz und der Werbung des Lebensmittelhändlers entkommen zu können – all das hatte sie, Gott verzeihe ihr, von ihrem Mann verlangt, es zu ertragen.

Seltsamerweise verschwanden innerhalb von zwei Jahren die Familie Bates und fast alle Spuren von ihnen aus Underhayes. Nancys Leben lang bis zu ihrer Heirat war ihnen nichts passiert – nichts Aufregendes. Im Hause hatte es weder Unglück noch großen Erfolg gegeben; aber alles war mit eintöniger Regelmäßigkeit abgelaufen, unaufregend, nicht beunruhigend. Mr. Bates hatte eine kleine, milde Beförderung erhalten, und sie hatten sehr wenig Geld gespart, und im Übrigen hatten sie gegessen und getrunken, geschlafen und aufgewacht, und alles war so gewesen, als könnte es für immer so weitergehen. So fließt der ruhige Strom des Lebens in vielen Fällen jahrelang, bis schließlich der Kreislauf der Veränderung beginnt und alles, was getan wurde, rückgängig gemacht wird. Nancys Heirat war das erste Familienereignis, doch folgten kurz darauf weitere. Charley ging kurz nach der Trennung zwischen Arthur Curtis und seiner Frau nach Neuseeland. Dann, kurz nachdem Sarah Jane geheiratet hatte. Dann hatte Mr. Bates, mitten in seiner Steuereintreibung, einen Unfall und starb, nachdem er eine Zeit lang gezögert hatte; und Mrs. Bates, eine Person mit scheinbar robuster körperlicher und geistiger Verfassung, entwickelte zum Erstaunen ihrer Familie und Freunde plötzlich die Unfähigkeit, ohne den Mann zu leben, für den sie weder sehr begeistert noch ergeben war , zu seinen Lebzeiten, und starb ihrerseits und hinterließ ihr Haus verlassen. Matilda, die einzige Vertreterin dieses Namens, wäre Charley nach Neuseeland gefolgt, wenn sie nicht ihre Schwester gehabt hätte, für die sie sich als diskrete und treue Begleiterin erwiesen hatte. Nachdem jedoch das kleine Haus geräumt und alle alten Möbel verteilt, verkauft oder im Haus der Raisins für ihre zukünftige Verwendung aufbewahrt worden waren, verschwanden die beiden älteren Schwestern, niemand außer vielleicht Sarah Jane, der nichts davon sagte, obwohl er wusste, wohin. Die kleine Stube verschwand, ebenso wie alle dort konsumierten Tees und Abendessen, und das Familienleben endete. Trotz der bewegenden Ereignisse, die sich dort abgespielt hatten, und der vorübergehenden Verbindung, die zwischen ihm und den oberen Klassen der Gesellschaft geknüpft worden war, war seine Geschichte überall wie eine Blase, wie der Schnee auf dem Berg und der Schaum auf dem Fluss. Das gleiche Schicksal ereilt Klein und Groß; aber im Fall eines Steuereintreibers ist die Schlussfolgerung vollständiger als die, die man über die höheren Klassen erhält, die Mr. Bates so sehr respektierte. Tod, Auswanderung, Heirat, Verschwinden folgten einander in rascher Folge. Die junge Frau Rosinen blüht in ihrem Laden – wo ihr Bräutigam ihr jedoch nicht

erlaubt, den Anschein zu erwecken, als würde sie sich um die Bedürfnisse
eines vulgären Publikums kümmern, sondern sie im Gegenteil in höchstem
Glück und Glanz halten, ohne dass sie es verlangt Alles tun, in ihrem Salon
über dem Laden – der einzige Rest der Familie in Underhayes. Und was
Nancy betrifft, niemand wusste etwas über sie oder wohin sie gegangen war.

KAPITEL II.

In diesen zwei Jahren lief bei Oakley ALLES sehr ruhig ab . Arthurs Besuch zu Hause war sehr kurz und nicht sehr lebhaft. Und wenn Lady Curtis vorübergehend ein Gefühl der Erleichterung verspürte, als sie wusste, dass er dem Einfluss „dieser Leute" und „dieser jungen Frau" entkommen war, verschwand es bald in der Gegenwart von Arthurs melancholischen Blicken und in der Betrachtung des Schmerzes Stellung eines so jungen Mannes, der verheiratet und doch unverheiratet war und dessen Weg dementsprechend voller Dornen und Schwierigkeiten sein musste. Eine solche Position ist in jedem Bereich gefährlich und schwierig; aber wie viel mehr in dem, wohin er ging, wo alle Versuchungen der Gesellschaft den jungen Mann umgeben würden und ihm jede Freiheit gewährt würde! Die Mutter und die Schwester hatten viele Diskussionen über ihn; Aber wie schwierig war es, ihn zu diesem Thema zu befragen, in seine Abmachungen hineinzuschnüffeln, die er nicht offenbaren wollte, oder nach den endgültigen Gründen der Trennung zu fragen! Arthur seinerseits äußerte sich nicht zu diesem Thema; Als er ankam, hatte er ihnen zunächst in wenigen Worten mitgeteilt, dass seine Frau und er sich getrennt hatten. „Fragen Sie mich nicht danach, denn ich kann es Ihnen nicht sagen. Ich weiß nicht, wie es ist", hatte er zu seiner Mutter gesagt. „Sie wird sich meiner Lebensweise nicht anpassen, und ich kann mich ihrer nicht anpassen – das ist alles. Es gibt keine Schuld; aber wie es passiert ist, frag mich nicht, denn ich weiß es nicht." Lady Curtis respektierte die Bitte absolut und stellte keine weiteren Fragen an ihn. Aber es erübrigt sich zu erwähnen, wie interessant das Thema für sie war; und mit welchem Eifer bemühte sie sich, die Informationen zu erhalten, die Arthur sonst nicht liefern würde. Durant erzählte ihr alles, was er persönlich wusste, alles, was unter seinen eigenen Augen geschah; aber das war nicht viel befriedigender als Arthurs Schweigen. „Er hat den Eindruck, dass sie gar nicht so sehr im Unrecht war", sagte Lady Curtis. „Ich verstehe Lewis nicht. Aus den Briefen, die er schreibt, könnte man fast meinen, sie hätte ihn auch verhext."

„Das glaube ich nicht", sagte Lucy schnell und mit einem flüchtigen Gesichtsausdruck, der ihre Mutter überraschte.

„Ich möchte nichts gegen sie sagen", sagte Lady Curtis. „Es ist nicht anzunehmen, dass sie einen großen Fehler hat. Gott bewahre es, Lucy! Ich habe es nicht so gemeint."

Lucy antwortete nicht. Vielleicht dachte sie nicht an die Frau ihres Bruders. Und als Arthur wegging, wirkte Nancy für die Familie so, als hätte sie nie existiert. Sie hatten Arthurs Briefe wie in den Tagen, als nichts zwischen ihm und seinem Zuhause lag; nichts als bloße Distanz und Abwesenheit – Zeit und Raum, unschuldige Hindernisse, die niemandem schaden, obwohl sie schwer genug zu ertragen sind. Und seine Frau, von der er nicht mehr sprach, trat mit seinem Volk in den Hintergrund. Natürlich blickten Lady Curtis und Lucy einander an, wenn irgendein junger Mann in der Grafschaft oder den sie kannten, eine glänzende und zufriedenstellende Ehe geschlossen hatte. Und Sir John kam am Nachmittag herein, lehnte sich mit dem Rücken gegen den Kaminsims, während er seine Tasse Tee nahm, und sagte seufzend: „Sie scheinen großes Aufhebens um die Heirat des jungen Seymour zu machen."

„Ja", antwortete Lady Curtis mit einem weiteren Seufzer, „und kein Wunder – nichts könnte passender sein." Sie waren fast wütend auf den jungen Seymour, weil er geheiratet hatte, da der Erbe eines solchen Besitzes hätte heiraten sollen; und wahrscheinlich würde Lucy aus reiner Ungeduld über das so zuteil gewordene Lob einen Pfeil auf das neue Paar abfeuern. „So passend, dass es unnötig ist, bei dieser Angelegenheit an Liebe zu denken", würde Lucy vielleicht sagen. Und dann zuckte Sir John mit den Schultern, während er vor dem Feuer stand.

"Liebe! das ist weder hier noch da; Wenn alle Torheiten, die im Namen der Liebe begangen wurden, gesammelt werden könnten!" Und er schüttelte seinen grauen, alten Kopf, seufzte erneut und blickte Lucy mit bewundernden Augen an, während er langsam in seine Bibliothek zurückging, unfähig, den jungen Seymour und seine schöne Ehe aus seinem Kopf zu bekommen. Lady Curtis lächelte wider Willen, als er ging.

„Du darfst nicht an eine solche Torheit denken, Lucy", sagte sie, „dein Vater denkt, dass du mit deinem Vermögen unverheiratet sehr glücklich wärst. Er sagt, nur arme Menschen müssten das Schicksal alter Jungfern fürchten. Das ist ein großer Schritt für Sir John, der so ein Konservativer ist."

„Sind alte Jungfern gegen den Tory-Glauben?" sagte Lucy, es tat ihr nicht leid, etwas zu sagen zu haben.

"Ja; Es ist das alte Glaubensbekenntnis, dass jede Frau heiraten sollte und dass es nur die Hässlichen, das Kreuz und die Unliebsamen sind, die dieses glorreiche Ziel nicht erreichen. Was für eine Grundsatzüberschreitung ist das für Ihren Vater! Selbst mit meinen fortgeschrittenen Ansichten gehe *ich nicht so weit.*"

Lady Curtis blickte ihre Tochter neugierig an, während sie sprach. Sie verbrachten ihr Leben zusammen, Stunde für Stunde und Jahr für Jahr. Sie hatten alles gemeinsam – als die Post eintraf, öffneten sie wahllos die Briefe des anderen, die letzte Tiefe gegenseitigen Vertrauens; dieselben Bücher lesen, dieselben Gedanken denken, in allen Angelegenheiten des Lebens eins sein; Und doch blickte die Mutter in dieser intimsten Angelegenheit von allen ihre Tochter mit unaussprechlicher Sehnsucht und Neugier an, ohne zu wissen, was Lucy dachte.

Einige Zeit später wurde nichts gesagt. Der Frühling wehte über den Wäldern, und der Blick zwischen den Säulen der Fassade durch die langen Fenster des Zimmers meiner Dame auf der Allee war wie ein Blick in eine Wildnis voller Knospen und Hoffnungen. „Hier kommt Bertie wieder", sagte sie mit ein wenig Ungeduld; dann lachend: „Er ist einer, Lucy, vor dem dein Vater Angst hat."

„Armer Bertie!" sagte Lucy gelassen; Doch als ihre Mutter plötzlich in Tränen ausbrach, war sie bestürzt.

„Zu denken", sagte Lady Curtis, „dass Berties Kind, wenn er ein Kind hätte, der Erbe Ihres Vaters wäre!"

"Mama!" Lucy errötete purpurn, dann lachte sie. „Er ist der zweite Sohn — und Arthur —"

„Arthur wird nie Kinder bekommen", sagte Lady Curtis düster, „wenn sich die Dinge nicht ändern. Und sie ist jung und stark, so jung wie du — warum sollte sie sterben, um uns entgegenzukommen? Und Gerald Curtis ist ein Wanderinvalide. Ah! Es gibt keine Angst vor den Seymours — sie werden ihr eigenes Fleisch und Blut hinter sich haben, was auch immer passiert. Aber dein Vater wird zu einem alten Mann, Lucy; und Bertie — Berties Sohn wird der Erbe sein!"

„Er ist noch nicht einmal verheiratet; Es besteht kein Grund, uns über eine so entfernte Eventualität zu ärgern."

„Aber es wird passieren", sagte Arthurs Mutter, „obwohl es so weit entfernt liegt. Mein Junge ist wie Warrington in „Pendennis", Lucy, vom Leben abgeschnitten; kein Kind für ihn, keine Liebe für ihn; Alles nur wegen eines dummen, dummen Schrittes, als er noch ein Junge war!"

„Aber, Mama! Du meinst wirklich nicht, dass Jungen den Konsequenzen solch törichter Schritte entkommen dürfen sollten", rief Lucy. „Wie unangebracht, dass du das sagst!"

"Ah! „Man wird anders als man selbst, wenn man selbst leidet", sagte Lady Curtis mit einem Seufzer.

Und dann erschien Bertie und jedes Gefühl wurde aus ihrem Gesicht verbannt. Sie diskutierte interessiert über die Ehe des jungen Seymour. „Nichts hätte passender sein können. So passend, dass man das Gefühl hatte, es müsse etwas dazwischenkommen, um dem Einhalt zu gebieten. Das Mädchen von allen anderen hätte er heiraten sollen! Und ein bezauberndes Mädchen — hübsch, wohlerzogen und süß —"

„Ich habe gehört, dass sie alle sehr zufrieden sind; aber ich bewundere sie nicht so sehr wie Sie. Sie ist nicht der Stil, den ich mag", sagte der Rektor.

„Sie ist zu charmant und zu vernünftig und zu allem, was sie sein sollte – für mich."

„Einwandfrei tadellos", sagte Lady Curtis lächelnd. Sie war froh, dass er mit der perfekten Frau des jungen Seymour nicht einverstanden war.

„Und sie ist schwer", sagte Bertie. „Ich kannte sie sehr gut. Ihr Bruder war von meinem College. Sie wird die Fröhlichkeit der Familie nicht bereichern. Sie hat nicht viel zu ihrer Person zu sagen."

„Umso passender", sagte Lady Curtis und wurde sichtlich heller, „sie sind alle schwer." Sie hatte Bertie noch nie so gut gemocht. Sie teilte ihm die Neuigkeit in Arthurs letztem Brief mit, dass ihm Wien sehr gefalle und er in seiner neuen Position glücklich sei; und endete mit einer Einladung zum Abendessen. Lucy saß daneben und arbeitete und wunderte sich, nicht ohne ein Lächeln um die Mundwinkel. Sie hatte nichts gegen ihren Cousin einzuwenden und war auch nicht beunruhigt über ihn. Er war „nicht der Stil, den sie mochte", sagte sie sich mit einem spöttischen Echo seiner Rede; Aber dass Lady Curtis nach ihrer melancholischen Vorfreude auf die unvermeidliche Erbin von Berties problematischem Sohn so leicht besänftigt werden konnte, amüsierte ihre Tochter. Sie ließ das Gespräch weitergehen, während sie ruhig arbeitete und über ihre eigenen Gedanken nachdachte. Lucy fand die Vorstellung, unverheiratet zu bleiben, vielleicht nicht so attraktiv wie ihr Vater. Auch darüber lächelte sie in ihren geheimen Gedanken. Wer lächelt nicht darüber, jung zu sein? Warum sollte es jemanden auf der Welt geben, der nicht glücklich war – der nicht alles hatte, was die Fantasie begehrt, Liebe und Ehre und all den Glanz und das Mitgefühl, die Liebe geben kann? Lucy hatte eine private Welt, in die sie sich in seltsamen Momenten zurückziehen konnte, eine Welt, die so bevölkert war, dass ihre Fantasie sich nicht an ein einsames Leben erinnern konnte. Während ihre Mutter und Bertie redeten, hatte sie ihre Geheimtür geöffnet und war hineingegangen, um in die vage, süße Glückseligkeit der Träume einzutauchen, die mehr ist als jede vulgäre Realität des Glücks. Sie hörte ihr Gespräch, aber es berührte sie nicht. Sie hatte den Kopf ein wenig über die Arbeit gebeugt, bei der sie selten so fleißig war, und selbst das Lächeln, das um ihre Lippen schwebte, war verborgen – dieses Lächeln, das nicht für ihre Familie gedacht war, so sehr sie sie auch liebte. Lady Curtis hatte ihr Bestes versucht, den Vorhang zu öffnen und einen Blick in die geheime Welt zu werfen, deren Existenz sie vermutete, von der sie aber keine Ahnung hatte, keinen Faden, durch den sie geführt hätte; aber es kam ihr nicht in den Sinn, daran zu denken, als ihre Tochter von ihrer Seite hinein geflohen war.

„Bertie kommt also", sagte Sir John. „Warum, Bertie? Ja, freilich, er ist ein Verwandter und hat einen Anspruch; aber ich sehe keinen Grund, warum du ihn so oft fragen solltest. Es sieht so aus, als ob du ihn Lucy in den Weg werfen wolltest."

„Er wird Lucy nie etwas bedeuten", sagte Lady Curtis lächelnd.

„Das ist alles sehr gut; aber woher weißt du das? Mädchen sind nicht wie alles andere. Vielleicht hassen sie einen Mann in einer Woche und akzeptieren ihn in der nächsten. Ich habe lange genug gelebt, um das zu sehen."

„Man denkt, sie beginnen gerne mit einer kleinen Abneigung, wie Mrs. Malaprop sagt –"

„Äh? Ich weiß nichts über Frau Malaprop. Ich spreche aus meiner eigenen Beobachtung. Ich würde ihn Lucy nicht in die Quere kommen."

„Niemand würde Lucys Aufmerksamkeit weniger erregen. Warum, Bertie! er ist Lucy nicht mehr ebenbürtig –"

„Als ob das wichtig wäre", sagte Sir John mit stiller Verachtung. „Was interessiert sie? Sie hatten ein Beispiel; du solltest es besser wissen; und du wirst noch einen haben, bevor du weißt, wo du bist. Du bist unvorsichtig, muss ich sagen. Es macht Ihnen nichts aus, wem Sie Lucy vorstellen, Mylady; und wenn es nicht die eine ist, wird es eine andere sein", sagte er und schloss hastig ab, als Lucy hereinkam. Die Eltern sahen sie beide mit jener zärtlichen Bewunderung an, die vielleicht von allen Bewunderungen die erlesenste ist. Sie waren in Bezug auf Lucy nicht leicht zufrieden. Ihr Kleid, ihr Schmuck, ihr Aussehen wurden alle mit sorgfältigen Augen beäugt; und von ihrem glänzenden Haar bis zur Spitze ihres kleinen Satinschuhs konnten diese beiden schwierigen Menschen in dieser Lampe ihres Lebens keine Unvollkommenheit ertragen. Sir Johns Inspektion war nicht so minutiös und nicht so intelligent wie die seiner Frau; er konnte nicht sagen, was sie anhatte oder ob in ihrer Toilette technische Perfektion herrschte; aber er war sehr kritisch gegenüber der Gesamtwirkung. Was Lady Curtis betrifft, so ging sie auf alle Details ein; und sie waren beide zufrieden; Es war keine Kleinigkeit zu sagen. In ihrem Haar befand sich ein kleines Büschel weißer Narzissen, was ihrer Mutter gefiel, worauf Sir John jedoch den Kopf schüttelte. „Ist das für Bertie?" sagte er eifersüchtig in Gedanken. Mädchen waren seltsame Wesen; Sie mochten es, bewundert zu werden, ob sie sich nun um den Mann kümmerten, der sie bewunderte, oder nicht; und zweifellos würde sie einem der *Schützlinge meiner Dame zum Opfer fallen* , wenn nicht Bertie. Dieser Gedanke, zusammen mit der Missbilligung der Blumen, sei etwas, was Bertie zuliebe zu ihrer Toilette hinzugefügt wurde, was Sir John dazu brachte, den Kopf zu schütteln.

„Die Rolts hätten heute hier sein sollen", sagte Lady Curtis; „Aber ich habe gehört, dass sich Mrs. John bei den Seymours erkältet hat und Julia gegangen ist, um sie zu stillen."

„Julia pflegt immer jemanden", sagte Sir John.

Julia war Mrs. Rolt, die Frau des Agenten, die eine bescheidene Verwandte der Curtises war; und Mrs. John Rolt war die Frau seines Bruders, des Anwalts in Oakenden, der die Angelegenheiten der Grafschaft in seinen Händen hatte.

„Sie wird alles über die Ehe gehört haben. Sobald sie zurückkommt, wird sie nass oder trocken hierher stürmen, um uns zu erzählen, was die Brautjungfern anhatten und alles über das Frühstück; „Es ist lange her", sagte Lady Curtis mit einem Seufzer, „seit so großartige Taten in der Grafschaft stattgefunden haben; nicht, seit Arthur volljährig wurde."

„Es freut mich zu hören, dass es Arthur in Wien so gut geht", sagte der Rektor und wandte sich an seinen Onkel; „Das ist besser als die Junketings der Seymours. Ich hoffe, dass er sich in der Diplomatie einen Namen machen wird. Das sollte er mit seinen Fähigkeiten tun."

„Ah, ja", sagte Sir John; „Was das Markieren betrifft, das ist eine andere Sache. Für den Moment ist es sehr gut; aber der Platz eines Landherren ist in seiner eigenen Grafschaft zu Hause. Es ist jetzt alles sehr gut."

„Nun, Sir", sagte der Rektor, „einige von uns haben außerhalb des Landkreises oder sogar der Gemeinde keine Chance; aber wenn ein Mann eine Chance hat, sollte er sie nutzen."

„Es gibt nichts Besseres als die Grafschaft", sagte Sir John, „und die Pfarrei für einen Geistlichen." Was hättest du? Wo auch immer Sie sind, Sie können nicht mehr tun als Ihre Pflicht. Ich hoffe, Arthur bleibt dabei, und dann werde ich mich nicht beschweren. Wenn er früher dabei gewesen wäre, wäre es für uns alle besser gewesen."

„Lewis Durant hat viel über ihn gehört", sagte Lady Curtis; „Alles, was am meisten zufriedenstellend ist. Ich nehme an, dass Lewis in der Gesellschaft nicht besonders beliebt ist, seine Arbeit würde das nicht zulassen; aber er hört alles im Club. Dort bekommt ihr Männer alle Neuigkeiten. Ich höre alles Mögliche von ihm; und er kennt die Art von Nachrichten, die hier am akzeptabelsten sind."

„Da steckt viel drin", sagte der Rektor. „Manche Männer machen daraus ein ziemliches Geschäft. Es hilft einem Mann wunderbar weiter; Aber wenn Durant, wie Sie sagten, in seinem Beruf aufsteigt, kann er nicht viel Zeit für seinen Verein haben. Sohn des alten Durant, des Sattlers, nicht wahr? Wie seltsam, dass solche Männer überhaupt in Clubs sind."

Bertie Curtis wusste genau, was er tat; Er ließ sich weder von dem empörten, erstaunten Blick aus Lady Curtis' Augen einschüchtern, noch von dem weniger offenen Schimmer von Verachtung und Trotz, der unter Lucys gesenkten Augenlidern hervorkam. Es war Sir John, der Rektor, an dem gearbeitet werden sollte, nicht die Damen, von denen er wusste, dass sie Parteigänger seines Rivalen waren. Niemand hatte jemals angedeutet, dass Durant sein Rivale war oder dass Sir John bei diesem Thema nervös war; aber es gibt einige Dinge, die sich ohne die Hilfe von Worten offenbaren.

„Nicht der Sohn, der Enkel", sagte Sir John. „Der alte Durant ist vor langer Zeit gestorben und hat ein sehr großes Vermögen hinterlassen; aber ich fürchte, sie haben einen großen Teil davon durchgemacht. Das ist das Schlimmste, was man im Handel machen kann; sie gehen so schnell wie sie kommen. Was den jungen Durant betrifft, wünschte ich, dass die Hälfte der jungen Männer in den Clubs auch nur halb so gute Kerle wären. Aber er ist nicht die Art Mann, das muss man zugeben, von dem man erwarten würde, dass er in unseren Häusern vertraut ist."

„Welche Art von Männern sehen Sie gerne in Ihrem Haus?" sagte Lady Curtis. „Leerköpfige Niemande? Lewis wird immer seinen Weg gehen. Er hat Freunde, die wertvoller sind als wir. Er geht überall hin."

„Tut er das tatsächlich?" sagte der Rektor; „Und sein Beruf, was wird aus seinem Beruf? Sein Vater – oder Großvater, nicht wahr? – hätte das nicht gebilligt; Aber Anwälte haben, obwohl jeder sagt, dass sie so fleißig sind, meiner Meinung nach viel Freizeit. Wie anders ist doch ein Geistlicher –"

„Cousin Bertie, warst du neulich nicht in Epsom oder irgendwo?" sagte Lucy, deren Empörung kaum in Worte zu fassen war.

"Ja; Ich bin mit Gerald hinuntergegangen, der sich bestimmt amüsiert, der arme Kerl; aber ich glaube nicht, dass irgendjemand davon wusste", sagte der Rektor hastig; Daraufhin schüttelte Sir John, wenn auch vielleicht nicht ganz höflich, den Kopf.

„Der Rasen ist in Ordnung", sagte er. „Manchen Männern steht es ganz gut; Aber ein Geistlicher sollte diesen Namen nicht verstehen, Bertie. Mir gefällt es nicht für einen Geistlichen."

„Ich auch nicht, Herr; Du hast vollkommen Recht, wie immer. In meinen jüngeren Jahren mochte ich Pferde vielleicht zu sehr – nicht unbedingt, aber vielleicht zu sehr – wir alle haben gewisse Schwächen; Aber ich hoffe, seit ich Befehle entgegengenommen habe, gab es nichts, wogegen man etwas einzuwenden hätte", sagte der Rektor und blickte seinem erstaunten Onkel mit leichtem Trotz direkt ins Gesicht. Und was konnte Sir John sagen, als er so kühn begegnete? „Der arme Gerald ist ein elender Invalide", fuhr er fort, „der alles satt hat. Ich habe noch nie ein so *blasiertes* , ausgelaugtes Wesen gesehen. Er hat zu viel von dem gehabt, was die Leute Leben nennen, und er ist genug davon. „Zu Hause denken sie, dass seine Gesundheit davon abhängt, dass er sich amüsiert – deshalb bin ich hingegangen", sagte Bertie mit der ganzen Unschuld, die man sich vorstellen kann. „Wir müssen ihn alle unterhalten, und Sie könnten genauso gut versuchen, diesen Tisch zu unterhalten. Ihm langweilt sich alles zu Tode. Aber andererseits war er immer der Liebling meines Vaters und er kann nichts falsch machen."

Es entstand eine Pause, denn dieser Gerald, der älteste Sohn, der von allem gelangweilt war und sich in einem schlechten Gesundheitszustand befand und alle Eigenschaften besaß, die Sir John nicht mochte, war, in Ermangelung Arthurs, der mutmaßliche Erbe von Oakley; und das ging der ganzen Partei durch den Kopf und brachte einen Anflug von Unzufriedenheit mit sich, wie der Rektor wusste, dass es so kommen würde.

„Ist es wahrscheinlich, dass er heiratet, frage ich mich?" sagte Sir John.

„Das ist die einzige Dummheit, die er unterlassen hat. Für die meisten Menschen ist es alles andere als dumm; aber mit ihm, körperlich und geistig erschöpft, alt vor seiner Zeit – und ohne einen Penny, warum sollte er heiraten?"

„Da bin ich mir nicht so sicher", sagte Sir John mit einem Seufzer; und dann brach er hastig mit einem Ausruf und einer Frage aus, in der ein Fremder wenig Zusammenhang gesehen hätte. „Herr, was ist das für eine seltsame Welt! Wie viele Jungen gibt es bei den Seymours?" er sagte.

Das war für sie der bitterste Gedanke. Der junge Seymour soll jemanden heiraten, der so sehr geeignet ist, und wenn er nicht geheiratet hätte, wäre es einem halben Dutzend Jungen gelungen, Erfolg zu haben! in der Erwägung, dass Arthur sich selbst außergerichtlich gemacht und jegliche Nachfolge in direkter Linie unmöglich gemacht hatte; und es gab nur Anthonys Söhne, die ihm folgen konnten. Anthonys Söhne! Der Gedanke empfand sie beide als Galle und Wermut. Gerald, ein erschöpfter junger *Roué*, und Bertie; Einer von ihnen musste nach Arthur kommen, der sich selbst oder zumindest alle Nachkommen, alle Segnungen der Nachfolge abgeschnitten hatte. Und eine so passende Ehe, wie sie der junge Seymour geschlossen hatte! Was wäre ein Wunder, wenn es ihnen zu Herzen gehen würde.

„Ich habe Durant auch in Epsom gesehen", sagte der Pfarrer und vergaß für den Moment seine eigene Verteidigungsstrategie. „Ich glaube, er ist viel unterwegs, hier und da und überall, wo man hingeht. Männer seiner Klasse geben sich Mühe, anderen zu gefallen. Ich nehme an, sie haben mehr Motive als Männer mit einer sichereren Position."

„Mr. Durant", sagte Lady Curtis hitzig, „setzt sich ins Zeug, wenn Sie so sagen wollen, Bertie, um seinen Freunden von Nutzen zu sein. Er hat von seinem Schöpfer eines der freundlichsten Herzen bekommen, das je geschlagen hat, und deshalb ist er überall willkommen, wo man ihn kennt."

„Aber Berties Aussage ist berechtigt", sagte Sir John und holte mit seinen schweren Waffen aus, um den Streit zu beenden. „So ein junger Mann mag sehr freundlich sein, aber seine Freundschaft ist nicht umsonst, Mylady. Und was würden Sie, meine Damen, die so viel von ihm halten, sagen, wenn der Enkel des Kaufmanns nach einer Ihrer Töchter fragen würde? Das würde Ihnen die Augen öffnen."

Sir John hatte das Gefühl, dass ihm ein großer *Coup gelungen war*, als er dies sagte, und er war froh über die Gelegenheit, es sagen zu können; aber dennoch hatte er ein wenig Angst vor den Konsequenzen.

„Nehmen Sie noch ein Glas Wein", sagte er hastig und schob die Karaffe seinem Neffen hin. „Entschuldigen Sie, dass ich heute Abend nicht lange sitze, denn ich habe etwas zu tun."

Dies unterbrach jeden empörten Protest, der möglicherweise auf Lady Curtis' Lippen lag. Sie und Lucy verstanden den Hinweis und gingen weg; aber sie sagten nichts zueinander, was sie sicherlich getan hätten, wenn jemand außer Durant in Frage gekommen wäre. Um die Wahrheit zu sagen, die große Neugier in Lady Curtis' neugierigem und lebhaftem Geist galt diesem Durant-Thema. Was hielt Lucy von ihm? Was hielt er von Lucy? Aber wie konnte sie sich einmischen, da weder der eine noch der andere mit ihr über das Thema gesprochen hatte? Sie warf ihrer Tochter viele Blicke zu, während sie gemeinsam ihren ruhigen Beschäftigungen nachgingen. Vielleicht waren Lucys Augen schwerer als sonst und weniger bereit, die ihrer Mutter zu treffen; aber sie sagte kein Wort zu diesem Thema; Und was gab es von Lady Curtis nach dieser Äußerung ihres Mannes zu sagen?

KAPITEL III.

So verging die Zeit in Oakley wie auch anderswo ohne viel Geschehen, mit langen Pausen nach den Momenten des aktiven Lebens, die so viel über die individuelle Geschichte aussagen, in ihr aber normalerweise so wenig Raum einnehmen. Arthur war so weit von ihnen entfernt, als wäre er in Underhayes gewesen – eher in einer Hinsicht, denn er war jetzt in das öffentliche Leben vertieft und begab sich auf das größere Meer von Geschäften und Vergnügungen, das alle individuellen Interessen in sich aufnimmt. Sie hörten nicht viel mehr von ihm als damals, als er in seine Braut vertieft war, und doch war es anders. Obwohl Arthur weniger glücklich war, obwohl er weiter entfernt war, wurde er dennoch zu seiner Familie zurückgebracht. Sie sprachen untereinander und mit Fremden freimütig von ihm. Es war keine Wolke mehr über ihm; er war in seiner natürlichen Position. Es stimmte, dass sich die Freunde der Familie einander zuwandten und flüsternd fragten: „Haben Sie jemals etwas von seiner Frau gehört – was ist aus seiner Frau geworden?" nach dem Gespräch über ihn, wie ihm seine neue Anstellung gefällt und darüber, das offen geführt wurde. „Was wurde mit *ihr gemacht* ?" sagten die Freunde; „Oder war es doch wirklich eine Ehe?" Viele Leute kamen ausdrücklich, um diese Fragen an Frau Rolt zu richten, die als entfernte Verwandte und Ehefrau des Agenten natürlich alles über die Familienangelegenheiten wusste. Cousine Julia war sehr besonnen, umso besonnener, als sie von der Sache nichts wusste, nicht mehr als die Fragesteller selbst. Aber über Arthur redeten jetzt alle offen und fragten, wie ihm Wien gefalle, was eine große Erleichterung gegenüber der Zeit war, als die Landnachbarn nicht wussten, wie sie damit umgehen sollten, ob sie ganz über ihn schweigen sollten, was der sicherste Weg war, oder ob sie ihn verarschen sollten sorgfältige Fragen, die sie nicht gefährden konnten. Es war ein großes Glück, dass dies alles nun ein Ende hatte; Aber immer noch wusste niemand viel über Arthur, und außer diesem einen kurzen Besuch wurde er nie zu Hause gesehen.

Arthur selbst musste, das muss man nicht sagen, viele Krämpfe durchmachen. Wahrscheinlich hatte er nicht damit gerechnet, dass Nancy den für sie getroffenen Vereinbarungen ruhig zustimmen würde. Er kannte ihren Stolz, und er kannte auch die Nachgiebigkeit der Zärtlichkeit, die das Mädchen ausstrahlte; und in seinem Herzen glaubte er, dass sie das Geld, das er ihr hinterlassen hatte, verschmäht hätte, dass sie den Vergleich gänzlich abgelehnt hätte – was bei all ihren Schritten eine Rückkehr erforderlich gemacht hätte – und dass sie tatsächlich alle Berechnungen zunichte machen könnte, indem sie zurückgekehrt wäre plötzlich, ohne Sinn und Zweck, seine Arme und machte diesen elenden Verhandlungen ein Ende. Die Hoffnung darauf hielt ihn wach, obwohl er es nicht einmal sich selbst eingestehen wollte. Vielleicht kam sie in ihrem Eifer sogar nach Oakley – er konnte es für möglich halten, so unwahrscheinlich es auch war –, aber zumindest zu seiner Unterkunft in der Stadt, wo er verweilte, Vorbereitungen traf und dachte, dass jedes Geräusch außerhalb seines Zimmers das bedeutete Ankunft seiner reuigen Frau. Aber Nancy hat, wie man gesehen hat, nichts dergleichen getan. Sie nahm das Einkommen an, ließ sich nieder und schenkte ihm keine Beachtung. War es möglich, dass alles vom Anfang bis zum Ende Berechnung gewesen war und dass sie ihn überhaupt nie geliebt hatte? Er sagte nie etwas davon, verriet nie seine Erwartungen oder seine Enttäuschung, es sei denn gegenüber Durant, der seine Gedanken kannte, bevor sie in Worte fassten, und der seinerseits auch Besseres von Nancy erwartet hatte; denn natürlich wusste keiner von ihnen, wie ihr praktischer Vater sie eingeschüchtert hatte und wie all ihre Launen und Ungestüme durch das langweilige und vulgäre Hindernis seiner Entschlossenheit, seine Tochter nicht ohne eine angemessene Versorgung wieder in seine Hände zu bekommen, gedämpft worden waren. Somit war es das erste Mal, dass sie ihr in ihren Gedanken vollkommen Unrecht getan haben. Als Arthur, nachdem er endlich all die Wahnvorstellungen aufgegeben hatte, die anfangs so tröstend gewesen waren, die jetzt aber so bitter waren, als sie scheiterten, England verließ, war die Trennung wirklich und vollständig. Sein Geist wandte sich nun endlich gewaltsam von dem Gegenstand seiner Liebe ab. Leidenschaft kann ertragen werden, jene Leidenschaft, die einen hastigen Geist zu dummen Taten treibt, die in kühleren Momenten unbeabsichtigt sind; und selbst Veränderungen können vergeben werden; Aber wer könnte das bittere Unrecht verzeihen, von Anfang an aus bestimmten Motiven ausgewählt worden zu sein und für die Frau, die seine Liebe angenommen hatte, lediglich der Repräsentant von Reichtum und Fortschritt gewesen zu sein? War sie überhaupt nie wahrhaftig, nie zärtlich, nie berührt von der Flamme der Liebe, die in Arthurs Brust gebrannt hatte? Das war der einzige unerträgliche Gedanke; Und als Schweigen auf all diese Aufregungen folgte und Nancy wortlos akzeptierte, was er für sie tun konnte, und ihn wortlos zurückließ, damit er ausharrte, so gut er konnte, und statt dessen, was er gewesen war, bloß vulgären Trost aus seinen Händen nahm Bereit zu geben, schloss sich das Herz des armen jungen Kerls vor Schmerz gegen sie. Wie viel hatte sie ihn gekostet! aber sie würde nicht zulassen, dass er sie etwas kostete. Sie würde ihm oder für ihn nichts aufgeben. Was könnte ihr die ganze Zeit am Herzen gelegen haben? Nicht er, sondern was er zu geben hatte; und alles, was zu diesem Thema gesagt worden war, kam Arthur wieder in den Sinn – die Diskussionen im Vorfeld, die deutlich machten, dass Nancy gehofft hatte, sehr bald meine Dame zu sein; und ihre Klagen danach, dass sie so klein war, waren das Beste aus der schönen Ehe, die sie geschlossen hatte. Das waren Kleinigkeiten, aber solche Kleinigkeiten, die Honig selbst in Galle verwandeln und alles Übel zehnmal schlimmer machen. Als er

England verließ, war seine Stimmung sehr niedergeschlagen. Als Durant von seiner Rückkehr sprach, schüttelte er den Kopf.

„Es ist viel wahrscheinlicher, dass ich nie wieder zurückkomme", sagte er. „Warum sollte ich zurückkommen? Ich werde dort allen aus dem Weg gehen."

„Arthur, du weißt, dass es niemanden gibt, der dich aus dem Weg räumen will."

„Ich weiß es nicht; Ich kenne das Gegenteil. Ich werde *ihr aus dem* Weg gehen. Sie wird in Ruhe gelassen. Wenn ich hierher käme, könnte ich das vielleicht nicht ertragen, Durant. Und wie können sie mich zu Hause ansehen, ohne darüber nachzudenken, was für ein Durcheinander ich alles angerichtet habe? Mein armer Vater! Ich glaube, er spürt es am meisten – umso mehr, weil er so wenig zu sagen hat."

"Komm, komm! Sir John wird ihm nicht das Herz brechen."

„Du kennst ihn nicht", sagte Arthur, froh über einen Grund, der das trostlose Elend in seinem eigenen Land rechtfertigen würde. „Armer alter Gouverneur! er spürt es mehr als meine Mutter. Sie wird auf dich stürmen oder dich verspotten oder über dich weinen und es herausbringen. Aber er sagt nichts; und die Enttäuschung in mir, das Versagen von mir! Ich sollte mich nicht wundern, wenn sie ihm das Herz gebrochen hätten."

Während er sprach, wurden Arthurs Augen rot. Er war jung genug, um die Tränen in ihren Brunnen zu spüren; aber, armer Junge! Während er von Sir John sprach, dachte er an Nancy. Er liebte sie, und sie dachte nichts von ihm, außer Zuwendungen und Trost. Sie würde ihm erlauben, ihr Geld zu zahlen und sein Einkommen mit ihr zu teilen; aber nicht, sein Herz und alle seine Gedanken mit ihr zu teilen. Diese wollte sie nicht. Armer Arthur! Wenn ihm das geholfen hätte, hätte er den Kopf gesenkt und geweint. Aber so wie es war, musste er empört alle Gefühle in die Tiefe zurückschütteln, die einen stürmischen Ausspruch erforderten. Er könnte Mitleid mit seinem Vater haben, aber er darf sich selbst nicht bemitleiden.

Und so ging er weg. Ein Attaché einer ausländischen Gesandtschaft sollte nicht der fleißigste Mann sein. Dennoch gibt es Dinge, die sie tun können, wenn es um ihre Beschäftigung geht; und Arthur ging fast vehement in die Gesellschaft, ohne sich an sich selbst und seine Position zu erinnern. Vielleicht hat er den Ofen nicht ganz unbeschadet überstanden. Er verdrängte Nancys Bild aus seinem Herzen, schloss die Tür vor ihr und tat so, als wäre er sich der Bemühungen, die dieses Bild unternahm, um zurückzukommen, nicht bewusst. Nicht Nancy – Nancy selbst machte keinen Versuch auf die eine oder andere Weise, keinen Annäherungsversuch; aber ihr Bild, ihre Erinnerung, das Spiegelbild von ihr, das ihn beschäftigt hatte, als sie gegangen war, blieb beharrlich auf der Schwelle des Tempels, aus dem sie vertrieben worden war. Vielleicht war er ihr nicht immer treu, sondern suchte nach neuen Eindrücken, neuen Empfindungen, wie man es einem Mann verzeihen kann, dem der Schrein seines Herzens bereits entweiht wurde; Aber er kam nie über das Gefühl hinaus, dass sie da war – seine rechtmäßige Königin und darüber hinaus seine eigentliche Besitzerin, was auch immer er oder andere denken mochten. Inzwischen führte er ein fröhliches und geschäftiges Leben. Er redete und tanzte und flirtete zweifellos; denn obwohl er seine Position kundgetan hatte, gab es in der Gesellschaft viele Menschen, denen seine Position völlig gleichgültig war; und wenn Nancy ihren Ehemann, der ihr so ergeben war, in den ersten Tagen der Trennung gesehen hätte, hätte sie zweifellos Anlass zu ernsten Gedanken gehabt. Aber trotzdem war ihr Bild nie weiter entfernt als vor der Tür von Arthurs Herzen – künstlich verschlossen und durch seltsame Vorrichtungen verriegelt, aber von selbst immer bereit, sich zu öffnen.

All dies hat jedoch Auswirkungen auf den Menschen; und als Durant ihm nach Ablauf dieser zwei Jahre schrieb, dass die Eltern tot seien und dass Nancy Underhayes verlassen habe, löste das zweifellos eine große Aufregung in seinem Geist aus, aber es weckte ihn nicht zum sofortigen Handeln. Sein erster Gedanke war tatsächlich, selbst nach Hause zu eilen und ihr in ihrer Not zu Hilfe zu kommen; aber das war nur ein erster Gedanke. Warum sollte er gehen, sagte ein nüchternerer Impuls? Hätte sie ihn nicht zurückgewiesen, ihn nicht von sich vertrieben und sich geweigert, sich von irgendeinem Argument, das er vorbringen konnte, berühren zu lassen? und warum sollte er sich demütigen, sie erneut zu suchen, ohne Anzeichen dafür, dass er dieses Mal erfolgreicher sein würde? Nein, nein, er würde keine Wiederholung riskieren. Wiederholungen sind stets zu vermeiden. Hätte sie noch ein Gefühl für ihn gehabt, hätte sie ihn dann nicht über die neuen Umstände informiert, die die Beziehungen zwischen ihnen möglicherweise verändert hätten? Aber sie hatte nichts gesagt, sie hatte in diesem Moment der Not, in dem ihr Herz zweifellos berührt worden sein musste, keine Notiz von seiner Existenz genommen. Er schrieb an Durant, um sich nach den Umständen zu erkundigen und ihm mitzuteilen, wie es Nancy ging. Aber mehr tat er nicht.

Was Durant betrifft, so war sein Herz vielleicht weicher und er wunderte sich über Arthurs Gleichgültigkeit; oder vielleicht lag es auch nur daran, dass er selbst nicht die beleidigte und beleidigte Person gewesen war; und niemand, egal wie herzlich er ist, kann unseren Kummer so spüren wie wir selbst. Durant selbst war in diesen zwei Jahren nicht besonders glücklich gewesen. Er hatte hart gearbeitet und in seinem Beruf Fortschritte gemacht, aber er hatte keine großartigen Fortschritte gemacht. Sein Vater, der sein Vermögen ausgegeben hatte, als er eines hatte, hatte keine Abneigung gezeigt, weiterhin Geld auszugeben, als er keins hatte; und alles, was Lewis durch seine Arbeit erlangte, schien nicht zu viel zu sein, um das väterliche Haus am Laufen zu halten. Wer arbeitet und andere Menschen unterstützt, die es nicht tun, muss arbeiten und in dieser Welt aufgefressen werden. Es ist ein häufiges Schicksal; und für Durant, wie für so viele andere, war die jämmerliche Gemeinheit derer, die ihm Blut und Verstand aussaugten und immer mehr wollten, ein schlimmeres Leid als der Verlust seines harten Verdienstes, den er mit größerer Philosophie hinnahm. „Was für einen Nutzen hatten sie für ihn", sagte er etwas bitter. Lucy war so weit, ja weiter von ihm entfernt als je zuvor. Er war im letzten Jahr überhaupt nicht nach Oakley eingeladen worden, und obwohl er immer noch hin und wieder die Damen der Familie sah, war Sir Johns Missbilligung zu deutlich gewesen, als dass man sie hätte ignorieren können, so dass alles zum Stillstand gekommen war insofern. Lucy verstand ihn, er glaubte; aber was würde es ihm nützen, insgeheim verstanden zu werden, wenn er nicht weitergehen könnte, wenn Jahre wie diese vergehen würden, bevor er sich ihr offen nähern könnte; bevor er die Hindernisse auf allen Seiten durchbrechen und es wagen konnte, sich öffentlich mit seinem Anzug zu präsentieren? Tatsächlich war Durant im letzten Jahr beinahe dazu gekommen, seiner Verbannung zuzustimmen, zu dem Gefühl, es sei besser für ihn, sie nicht zu sehen, sie nicht mit dem Anblick seiner Treue zu ärgern. Vielmehr sollte sie alles vergessen, nicht wie er am Rande der Verzweiflung verweilen, sondern glücklich sein, ob er nun glücklich war oder nicht. Er war so weit gekommen, als Arthur ihn beauftragte, diese Nachforschungen in Underhayes anzustellen, und man kann sich vorstellen, mit wie vielen Gedanken, mit welcher unterdrückten Ungeduld diese beiden, die auf diese Weise freiwillig ihr Glück zerstörten und alles zerstörten, was das Beste im Leben war Miteinander beschritt dieser Märtyrer sozialer Vorurteile und der Sünden anderer Menschen noch einmal den Weg, den er mit Lucy gegangen war, entlang der Straßen, durch die er geeilt war, um Arthurs Hochzeit beizuwohnen. Wären es Lucy und er gewesen, die an diesem Wintermorgen ihren Glauben geschworen hätten, was für schöne Jahre rechtschaffener Arbeit, gemildert und freudvoll durch Liebe und Mitgefühl, hätten seine sein können! während die anderen beiden, die die Sache pflichtwidrig selbst in die Hand genommen hatten, sich auf diese Weise ruiniert hatten und sich so leicht und leicht trennten, wie sie zusammengekommen waren. Ohne die Torheit seines Vaters hätte Durant dies vielleicht dem Objekt seiner treuen Zuneigung anbieten können, was selbst Sir John nicht verachten konnte, und ohne die Torheit ihres Bruders hätte Lucy die Freiheit gehabt, dieses ehrliche Angebot anzunehmen oder abzulehnen . Er wusste nicht, dass sie es akzeptiert hätte – aber es hatte Momente gegeben, in denen seine Hoffnungen fast zur Gewissheit gewachsen waren – nur um dann wieder in noch elendere Tiefen gestürzt zu werden. So wurden die beiden, für die Ehre und Pflicht an erster Stelle standen, getrennt und konnten ihr ganzes Leben lang getrennt bleiben – während die beiden, die an beides nur wenig dachten (war das nicht hart für Arthur?), mit dem Glück spielten, das sie sich trotzig genommen hatten aus Pflichtgefühl und warf es weg. Alles in allem kann man Durant für diese harten Gedanken verzeihen; denn so bescheiden er auch war, die Hoffnung war in seiner Brust groß gewesen, als er Lucy zur Hochzeit ihres Bruders begleitete. Doch nach und nach schwand diese Hoffnung. Er hatte daran gedacht, die Gunst ihrer Familie durch seine Hingabe an ihren Dienst zu gewinnen. Er hatte geglaubt, dass ihre vertraute Freundschaft mit ihm die Bescheidenheit seiner Geburt ausgleichen könnte – er hatte einst geglaubt, dass sein jetzt verlorenes Geld vielleicht etwas aussagen könnte. Aber alles hatte gegen ihn statt für ihn gewirkt; während Arthur, der das Glück bekommen hatte, das er wollte, den Wunsch seines Herzens, es weggeworfen hatte. Diese Gedanken erfüllten ihn, als er durch die Straßen von Underhayes ging. Er ging zu dem kleinen Haus, in dem die Bates gelebt hatten, und es schien unmöglich zu glauben, dass der Geschmack des frühen Abendessens und des abendlichen Rums und Wassers verschwunden sein könnte. Wenn schöne Dinge durch den Tod fortgetragen werden, ist die Leere fast weniger seltsam, weniger ergreifend, als wenn diese tragikomische Art düsterer Belustigung hereinbricht und wir das Gefühl haben, dass so irdische Dinge, Dinge, die keine Affinität zu einer höheren Sphäre haben, gekommen sind unter seiner sublimierenden Berührung. Konnte irgendetwas dafür gesorgt haben, dass die Abendgetränke des Steuereintreibers feierlich wurden? und doch lag eine Art Ehrfurcht in der Erinnerung an all die vulgären Umstände, die mit dem vulgären Wesen, dem sie gehörten, in die Dunkelheit verschwanden – in das Unbekannte, das nicht vulgär ist. Der Tod ähnelt eher dem Edlen und Schönen als dem Dürftigen und Alltäglichen. Es ist nicht unnatürlich, dass diese sterben und in die Sphäre versetzt werden, zu der ihre feineren Impulse gehören; Aber was haben *diese* mit dem Sterben zu tun, mit Himmel und Hölle und dem Unsichtbaren? Dies war es, was Durant empfand, als er mit einer Art seltsamem Mitleid in das Zimmer blickte, in dem sich jetzt eine junge Mutter mit ihren kleinen Kindern befand.

„Alle Nachrichten sollen zum Lebensmittelhändler Raisins gehen", sagte sie und öffnete die vertraute Tür. Es schien Durant unmöglich, dass Arthur nicht mit Nancy drinnen auf dem alten Sofa aus Stoff saß; aber etwas weiter entfernt traf er auf das Stoffsofa, das draußen in der Feuchtigkeit vor der Tür eines Maklers stand; und Arthur und Nancy, wo waren sie? Es scheint, dass sie nie wieder zusammensitzen werden.

„Oh la, Mr. Durant!" sagte Sarah Jane. Sie errötete, warf einen Blick auf ihren Mann in seiner weißen Schürze und verspürte einen brennenden Schmerz, weil sie keinen Gentleman geheiratet hatte. „Wollen Sie nicht nach oben gehen, Sir? Gehen Sie doch nach oben." Sie weinte. Sie war froh, dass die Kunden im Laden und sogar ihr Mann sehen konnten, wie vertraut sie mit einer Gentleman-ähnlichen Person war, wie Durant unbestreitbar war. Und sie erzählte ihm alles über den Unfall, bei dem Papa ums Leben gekommen war, und über die Unfähigkeit der Mutter, ihn zu überleben. Sie war in der ganzen Frische ihrer Trauer und vergoss ein paar natürliche Tränen, ungeachtet der Freude, die es ihr bereitete, einem von Arthurs Freunden ihr Wohnzimmer zu zeigen. „Man hätte meinen können, sie schenkte ihm keine große Beachtung; Aber er hatte viel mehr in sich, als die Leute dachten, Mr. Durant, und sie konnte nicht ohne ihn leben. Sie blieb nur sieben Wochen. Ich kann nicht sagen, dass sie jemals wieder den Kopf gehalten hat."

„Und deine Schwester ist weggegangen?"

„Oh ja, meine Schwester ist weggegangen. Mama war nicht diejenige, die viel sagte, aber ich sage, es ist ein ebenso rührendes Beispiel ehelicher Zuneigung – wie das, was sie in den Zeitungen schreiben; und ich sage Mr. Raisins, ich hoffe, dass ich das Gleiche für ihn tun werde, wenn unsere Zeit gekommen ist", sagte Sarah Jane, halb lachend, halb weinend. „Der Arzt konnte nicht sagen, was es war."

„Und – Nancy?"

„Vielleicht wären Sie höflicher, Mr. Durant. Man spricht nicht von meiner Schwester, als wäre sie ein Hausmädchen; aber ich habe es vergessen – du warst immer so ein Freund von Arthur Curtis. Ich sehe seinen Namen manchmal in den Zeitungen. La, der Unterschied, den die Ehe macht! Früher habe ich nie in die Zeitung geschaut, aber jetzt lese ich sie jeden Morgen regelmäßig; und manchmal sehe ich Arthurs Namen."

„Ja", sagte Durant, „und Ihre Schwester, Mrs. Raisins – wo ist Ihre Schwester geblieben?"

„Oh, es war eine anstrengende Zeit!" sagte Sarah Jane. „Charley ging als Erster, und ich bin mir sicher, wenn das mit Neuseeland alles stimmt, wundere ich mich, dass wir nicht alle gehen; und dann starb Papa, und dann Mama, und jetzt ist da noch Nancy."

„Aber sie ist nicht gestorben – oder nach Neuseeland gegangen?"

„Das habe ich nie behauptet, Mr. Durant. Ich habe gesagt, dass es eine anstrengende Zeit war, in der eins auf das andere folgte. Ich bin dankbar, dass Mr. Raisins und ich verheiratet waren, bevor alles begann, denn wenn wir es nicht gewesen wären, wäre nicht abzusehen, was passiert wäre. Ich hätte in meiner Trauer nicht heiraten können."

„Ist Mrs. Arthur Curtis weit weg? Es wäre sehr nett, mir eine Antwort zu geben."

„Oh la! wie kann ich sagen?" rief Sarah Jane. „Sie ist genauso eigensinnig wie der alte Herr selbst. Nichts hält sie auf, wenn sie sich entschieden hat. Es ist nicht abzusehen, wo sie hinkommt, bevor sie fertig ist."

„Sie reist also? Vielleicht geht sie nach Wien? Meinst Du das?"

„Ich konnte nicht sagen, was ich meine – ich meine nichts Bestimmtes. Das kann man nie, wenn es um Nancy geht. Sie könnte hierher oder dorthin gehen, und niemand kann es sagen."

„Aber Sie müssen etwas wissen – Sie müssen eine Adresse für ihre Briefe haben."

„Gott sei Dank, sie hat nie Briefe; Wer würde ihr schreiben? Sie hat immer ihren Lebensunterhalt bezahlt, das muss ich für sie sagen – und welche Briefe konnte sie haben? Sie war selbst nie jemand, der gerne Briefe schrieb, deshalb erwarte ich auch nichts zu hören; Und was das Schreiben angeht: Wenn ich es nicht höre, würde ich nie auf die Idee kommen, so etwas zu tun."

„Aber Sie müssen etwas über sie wissen", sagte Durant alarmiert. „Du kannst deine Schwester nicht aus den Augen verloren haben."

„Solche Dinge sind passiert", sagte Sarah Jane mit einer gewissen Freude über sein Unbehagen. „Wenn man verheiratet ist, muss man an andere Dinge denken als nur an seine eigene Familie. Ich habe jetzt mein Haus und meinen Mann; er bittet mich nicht, irgendetwas im Geschäft zu tun, nicht das Geringste; Aber ich bin gerne hilfsbereit, wenn ich kann, obwohl ich froh bin, sagen zu können, dass das nicht nötig ist, Mr. Durant. Uns geht es sehr gut, und ich habe mein schönes Wohnzimmer, das ganz mir gehört und bezahlt ist, und meine Dienerschaft, und meine Haustür, durch die ich hinausgehen kann, ist so schön wie die einer Dame im Land."

„Ich bin sehr froh, dass es dir so gut geht; aber es gibt etwas, das ich deiner Schwester mitteilen möchte."

„Oh, du sollst nicht durch mich mit ihr kommunizieren; Davon habe ich genug; Wie dumm von Arthur, Mr. Durant, so viel Aufhebens zu machen! und Nancy auch. Sie kamen nie miteinander klar. Ich sage nicht, dass es ihre oder seine Schuld war, aber sie haben sich nie verstanden."

„Dann verrätst du mir nicht, wo sie ist?" sagte Durant.

„Oh, ich habe nie etwas auf die eine oder andere Weise gesagt", sagte Sarah Jane; aber er konnte keine andere Antwort von ihr bekommen und ließ Underhayes ebenso wenig informiert zurück, wie bei seiner Ankunft. Eine andere Tatsache erfuhr er jedoch von Arthurs Bankier, der ihm offiziell mitteilte, dass Nancys Zulage von dem Landbankier, an den sie es zu überweisen pflegten, mit der Andeutung zurückgegeben worden sei, dass sie es nicht mehr erhalten würde, Mrs. Arthur Curtis hatte den Ort verlassen, ohne eine Adresse anzugeben. So machte Nancy zum ersten Mal Gebrauch von ihrer Freiheit. Sie verschwand und hinterließ keine Spur, die sie erreichen konnten, und der Ort, der sie gekannt hatte, kannte sie bereits nicht mehr.

KAPITEL IV.

Es war ungefähr einen Monat später, im Frühherbst, als Lucy Curtis, als sie zu einem ihrer Besuche im Dorf aus dem Herrenhaus kam, wie so oft zu Cousine Julia ging, um sich im Vorbeigehen zu melden , und erkundigen Sie sich, ob es in der kleinen Gemeinde besondere Probleme gab, die ihre Hilfe erforderten. Frau Rolt war selbst nicht so aktiv wie ihre junge Cousine; aber sie hörte von allem, was gebraucht wurde, und war das universelle Kommunikationsmittel zwischen dem Dorf und der Halle. Die armen Leute kamen zu ihr, wenn sie nicht zu ihnen ging, und ihre armen Nachbarn verließen sich grenzenlos auf ihre Freundlichkeit und mochten sie vielleicht umso mehr, als sie nie Nachforschungen über ihre Sauberkeit oder Vorsehung anstellte und sie nicht mit Besuchen belästigte , aber er bedauerte wahllos jeden, der in Schwierigkeiten war, und jeder, der krank war, bekam Portwein und Rindertee zu schenken. Es war nicht völlige Trägheit, sondern vielmehr eine gerechte Selbsterkenntnis, gepaart mit der Liebe, zu Hause zu bleiben, die ihr die „Pfarrarbeit" unterbrach. „Ich weiß, ich sollte klatschen", sagte sie mit demütigem Blick, als ihr vorgeschlagen wurde, die Armen zu besuchen; und es konnte kein Zweifel daran bestehen, dass sie sogar von den geringeren Möglichkeiten Gebrauch machte, die sich ihr in dieser besonderen Situation boten, als die Armen sie besuchten. Sie lauerte an diesem Morgen auf Lucy, der zufällig einer der Tage war, an denen die junge Dame im Dorf erwartet wurde. Lucy hatte eine Menge Geschäfte zu erledigen, die nicht zur Verwaltung eines Anwesens gehören. Sie musste sich um die Dorfbewohner kümmern, was wahrscheinlich die Aufgabe des Rektors hätte sein sollen. Aber da der Rektor diesen Teil seiner Arbeit nicht selbstverständlich verstand, war sie es, die ihn erledigte. Sie hatte ihre kleine private Sparkasse, ihre kleinen Vorsorgevereine, ihre Bekleidungsclubs, ihre Pfarrbibliothek, alles in ihrer eigenen Verwaltung, mit verschiedenen Ergänzungen zu den formalen Bildungsprozessen des Ortes; Kurse für große Mädchen und Jungen, eine private kleine Kochschule und viele kleine Dinge, die alle darauf abzielten, die Menschen in Oakley glücklich zu machen; Dieses Ziel gelang ihnen vielleicht nicht zu erfüllen, aber sie taten doch unendlich kleine Fetzen Gutes, so wie es die meisten menschlichen Pläne erreichen. Eine dieser Unternehmungen erforderte heute ihre Anwesenheit. Es war ein Oktobertag; die Blätter fallen, der Himmel rot; und es waren fast drei Jahre seit Arthurs Heirat vergangen. Es war kalt genug, dass die warme Jacke, die sie nicht anzuziehen gezögert hatte, ganz praktisch war; und als Lucy sich Mrs. Rolts Haus näherte, stellte sich Mrs. Rolt ans Fenster, bereit, im Vorbeigehen anzuklopfen und sich zehn Minuten Gespräch zu sichern – Cousine Julia nannte es, aber Klatsch wäre das richtige Wort dafür.

Das Haus der Rolts war ein großes, massives Backsteingebäude, das dem Pfarrhaus sehr ähnelte, aber nicht über das gleiche imposante Gelände verfügte; ein Haus aus der Zeit von Königin Anna, mit einem Giebel und Reihen funkelnder Fenster, die bündig mit der Wand abschließen. Dahinter befand sich ein ausgezeichneter Garten, aber davor gab es nichts außer einer großen, sehr weißen Türschwelle zwischen der Tür und der Straße; und die Fenster des Speisezimmers, in dem Frau Rolt morgens saß, lagen so nah an der Straße, dass niemand ihr entkommen konnte, den sie auf diese Weise verhaften wollte.

„Ich komme", sagte Lucy und nickte im Vorbeigehen; und das ordentliche Hausmädchen, bereits in Alarmbereitschaft, eilte herbei, um die Tür zu öffnen.

„Missis hat den ganzen Morgen nach dir gesucht", sagte Sally. Es gab offensichtlich etwas mehr als Gewöhnliches zu sagen.

Nichts könnte warmer und gemütlicher sein als das Esszimmer der Rolts. Seine warmen roten Vorhänge füllten alle Zwischenräume zwischen den Fenstern aus, zu befürchten, nicht, wie es die Kunstkanonen heutzutage gutheißen würden, sondern mit einer angenehmen Fülle. Der Raum selbst war jedoch getäfelt, was ihn entschädigt hätte, auch wenn der alte Kaminsims manipuliert worden war und nicht so hoch angebracht war, wie er hätte sein sollen. In der Mitte des Raumes stand ein großer Tisch und am Feuer zwei Sessel. Die in eines von ihnen geworfene Zeitung zeigte, dass Mr. Rolt selbst dieses gemütliche Zimmer erst kürzlich verlassen hatte. An der Stirnwand stand ein großes altes Mahagoni-Sideboard, nicht schön, aber massiv, und gegenüber den Fenstern eine lange Reihe niedriger Bücherregale. Wegen des großen Tisches, auf dem außer einem riesigen Becken mit China-Astern, den letzten Exemplaren des Gartens, nichts Dekoratives stand, gab es nicht viel Bewegungsfreiheit; Aber das Zimmer war warm und sehr praktisch, dachte Frau Rolt, wenn sie etwas zu tun hatte. Die gute Seele hatte nie etwas zu tun; aber was spielte das für eine Rolle? Sie ließ ihren großen Korb voller Krimskrams gerne herunterholen und auf den Tisch stellen, wo genügend Platz war; und dort beschäftigte sie sich sehr vergnügt damit, Wollknäuel herauszusuchen, aus denen man ein Paar Socken für ein armes Kind machen könnte, und Stofffetzen, die für jemandes Patchwork geeignet wären. Letztere waren sehr nützlich, wenn zufällig eine Gruppe Kinder nach Oakley kam. Aus Mrs. Rolts Krimskrams waren mehr Puppen herausgeputzt worden, als die Zunge vermuten konnte; aber sie haben den armen Kindern, denen Socken fehlten, nicht so viel Gutes getan. Mrs. Rolt empfing Lucy an der Tür, küsste sie und führte sie zu dem großen Stuhl.

„Wie geht es dir und deiner Mutter und allen anderen?" sagte sie in einem Atemzug und verknüpfte alle Wörter in ihrem Eifer, die Vorbereitungen zu meistern. „Willst du nach deinem Spaziergang eine Tasse Schokolade trinken? NEIN? „Dann setz dich hin und ich sage dir etwas“, sagte Cousine Julia außer Atem.

„Ich wusste, dass du mir etwas sagen musst, als ich dein Gesicht sah. Was ist es? Du siehst nicht so aus, als ob etwas Schlimmes passiert wäre.“

„Oh, es ist nichts Schlimmes. Ich glaube nicht, dass es große Konsequenzen hat, und dennoch ist es sehr lustig, wissen Sie. Lucy, zwei Damen sind in das kleine Wren Cottage eingezogen. Haben Sie schon einmal davon gehört? zwei Damen, eine davon groß und gutaussehend. Mein alter Sam hat sein Herz völlig verloren; und die anderen sind nicht so hübsch und sehen viel gewöhnlicher aus, und beide sind völlig Fremde, von denen niemand weiß, woher sie kommen oder wem sie gehören; und ziemlich jung. Hast du jemals etwas so Seltsames gehört?“

„Zwei Damen im Wren Cottage! „Ja, das sind Neuigkeiten“, sagte Lucy mit großer Gelassenheit. „Ich hoffe, dass sie nette Nachbarn werden; es wird Ihnen sehr angenehm sein.

„Wird es nicht? Aber das ist nicht so sehr das, woran ich denke. Wer können das sein, weißt du, Lucy? einen Ort wie diesen zu wählen, an dem man sich niederlassen kann, wo es keine Anziehungskraft, keine Gesellschaft, überhaupt keinen Anreiz gibt?“

„Da sind Sie und Bertie im Pfarrhaus; das ist nicht schlecht; Und es ist sehr hübsch, wissen Sie“, sagte Lucy. „Ich wundere mich nicht, dass sich irgendjemand für Oakley entscheiden sollte. Wo könnte man einen so hübschen Ort finden?“

„Das ist alles schön und gut, meine Liebe“, sagte Frau Rolt, die nicht in Oakley aufgewachsen war und daher weniger begeistert war; „Aber wie fanden sie heraus, dass es ein hübscher Ort war? Hier hat sie noch nie jemand gesehen. Sie konnten es nicht instinktiv herausfinden, wissen Sie, oder? Natürlich wurde Wren Cottage in der Zeitung beworben und wird fast umsonst vermietet. Das könnte sie vielleicht in Versuchung führen, wenn sie arm sind.“

„In der Tat sehr wahrscheinlich, sollte ich meinen; und sie müssen arm sein, sonst würden sie nie nach Oakley kommen. Ist das nicht das, was Sie denken? Ich bin froh, dass Sie Nachbarn haben werden.“

„Geht, Lucy! Meine Liebe, sie sind da. Schau – schau aus dem hintersten Fenster; Siehst du nicht, dass jemand im Schlafzimmer ist und etwas tut? Sehen Sie zwischen den weißen Vorhängen möglichst schlicht aus. Jemand ist zurück, und ich traue einem Ohr!“

„Ich könnte nicht ins Ohr schwören", sagte Lucy lachend; „Aber ich sehe, da ist etwas; und da steht Fanny Blunt an der Tür und stürmt; Das ist gut", fuhr sie fort und weckte ihr Interesse. „Fanny Blunt ist ein gutes kleines Mädchen. Ich bin froh, dass sie einen Platz hat."

„Hör zu, Lucy. Ich habe dir gesagt, dass es zwei davon waren. Sie sehen nicht wie Schwestern aus, aber Fanny sagt, sie seien Schwestern."

„Oh, Cousine Julia! Du hast Fanny gefragt —"

„Nur ihre Mutter, nur ihre Mutter, Liebes. *Natürlich* würde ich das Mädchen um keinen Preis nach ihren Geliebten befragen. Du konntest nicht glauben, dass ich mich so etwas schuldig machen würde, Lucy; aber ihre Mutter erzählt mir, dass es zwei Schwestern sind. Man würde es kaum glauben. Der Kleine ist ein netter, normal aussehender Mensch; aber die andere, die am Fenster war, und du hast ihr Ohr gesehen —"

„Aber ich konnte nicht ins Ohr schwören."

„Lache nicht, Liebes. Ich versichere Ihnen, dass ich es sehr ernst meine und sehr, *sehr* interessiert bin. Ihr Name ist Arthur und einer von ihnen ist verheiratet; Zumindest ist es Mrs. Arthur, die das Cottage übernommen hat. Wenn die andere ihre Schwester ist, kann sie natürlich kaum auch Arthur sein."

"Frau. Arthur!" sagte Lucy erschrocken.

„Kennst du den Namen, Lucy? Kennen Sie jemanden mit diesem Namen? Ich muss sagen, ich würde gerne einen Hinweis herausfinden."

Lucy schüttelte den Kopf. Sie kannte niemanden mit diesem Namen, der natürlich ein respektabler Nachname ist, den viele Menschen tragen. Es konnte nichts mit irgendjemandem zu tun haben, den sie kannte.

„Ich kenne es nur als Vornamen", sagte Lucy.

„Ah, als Taufnamen kennt ihn jeder", sagte Frau Rolt. „Armer lieber Arthur, ich denke jeden Tag an ihn, armer Kerl."

„Er scheint glücklich genug zu sein, Cousine Julia; wir brauchen ihn jetzt nicht den armen Kerl zu nennen."

"NEIN; Aber dann ist es unangenehm, wissen Sie, so von seiner Frau getrennt zu sein. Natürlich war es vielleicht besser, wenn sie nicht weiterkamen; Aber wie schade, Lucy, sie haben sich nicht verstanden! Es muss große Fehler geben, sage ich immer, auf der Seite der Frau."

„Auf beiden Seiten, denke ich", sagte Lucy seufzend.

„Hauptsächlich auf der Seite der Frau, meine Liebe; denn wir wissen, dass wir nachgeben sollten. Wir können immer ganz sicher sein, dass wir nachgeben sollten, was auch immer unsere Ehemänner tun mögen; und in diesem Fall laufen die Dinge im Allgemeinen gut; Denn Sie wissen ja, dass ein Mensch nicht alleine streiten kann, oder? es müssen immer zwei sein. Aber das hat nichts mit der armen Dame gegenüber zu tun.“

„Ist sie eine arme Frau? Sie scheinen mehr über sie zu wissen, als Sie zunächst sagten.“

„Nun, Fanny – oder besser gesagt, Fannys Mutter – sie kommt, wissen Sie, wegen ihrer Miete; Armes Ding, sie ist immer mit ihrer Miete im Rückstand; und sie sagt, sie sei entweder Witwe oder ihr Mann sei weg. Er könnte ein Seemann sein, wissen Sie, oder in Indien oder so etwas in der Art; und sie scheint ihn nicht zu Hause zu erwarten. Es ist eine traurige Situation für eine junge Frau. Ich bin mir allerdings nicht ganz sicher, wer von ihnen Mrs. Arthur ist; der kleine, pummelige ist sicherlich der älteste, aber der große sieht am überlegensten aus.“

„Vielleicht ist es nicht immer der Vorgesetzte, der verheiratet ist“, sagte Lucy, wieder versucht zu lachen; denn solche Vermutungen werfen bei den Zuhörern Reflexionsschimmer auf und verleiten junge Frauen unbewusst dazu, an sich selbst zu denken.

"In der Tat nicht; Ich war selbst fünfunddreißig, bevor ich geheiratet habe, Lucy. Es steht mir nicht zu, so zu reden, als wären die besten Menschen immer diejenigen, die am schnellsten heiraten. Da bist du selbst; aber dann ist es so schwer, dich zufrieden zu stellen. Aber in diesem Fall liegt es auf der Hand, finden Sie nicht auch, dass der Verheiratete der Anführer sein sollte? denn es ist ihr Haus, wissen Sie, und sie ist die Herrin. Nun ist der Große, den Sie am Fenster gesehen haben, offenbar der Direktor; deshalb muss sie Frau Arthur sein. Der kleine Dicke scheint ein gutes kleines Ding zu sein. Sie kümmert sich um alles und hilft beim Kochen des Abendessens. Die andere – ich frage mich, ob sie Witwe ist? – kümmert sich sehr wenig um das Haus. Ich sehe sie im Allgemeinen lesen.“

„Sie sprechen, als wären sie seit Jahren Gegenstand Ihrer Beobachtung.“

„Nein, natürlich nicht jahrelang; Aber wenn man zwei Wochen lang den Menschen gegenüber wohnt, erfährt man viel über sie. Du weißt, dass du weg warst, Lucy. Sie liest viel, und ich habe sie beim Skizzieren gesehen, und manchmal spricht sie mit den armen Leuten; aber sie sieht schüchtern und verängstigt aus. Immer wenn sie mich sieht, eilt sie weg.“

„Und du hast nicht angerufen? Ich wundere mich, dass du nicht angerufen hast, obwohl du dich so sehr für sie interessierst“, sagte Lucy, nahm wieder ihren kleinen Korb und machte sich bereit zu gehen.

„Meinst du, ich sollte anrufen?“ rief Cousine Julia eifrig. „Ich habe es mir selbst immer wieder durch den Kopf gehen lassen. „Ich frage mich, ob ich anrufen sollte“, habe ich zu Sam gesagt. Was würde deine Mama denken, frage ich mich? Sie sehen, sie haben keine Einführung, niemanden, der sozusagen für sie verantwortlich wäre; und sie könnten etwas ganz anderes sein, sie könnten, soweit wir das beurteilen können, überhaupt keine netten Menschen sein.“

„Wie unfreundlich von Ihnen, sich das Böse vorzustellen! Warum sollten es nicht nette Leute sein? Ich fürchte, du wirst langsam hartherzig“, sagte Lucy lachend. „Mama wird sehr überrascht sein, zu hören, dass du nicht angerufen hast, da bin ich mir sicher.“

"Denkst du das wirklich? Ich *kann es kaum erwarten* , anzurufen“, rief Frau Rolt. „Hartherzig – ich! Oh, Lucy, wie kannst du das sagen? Wenn du weißt, dass es hauptsächlich deinetwegen ist, dass deine Mama immer ganz sicher sein wird, dass du hier niemanden triffst, dem du nicht begegnen solltest.“

„Ich würde sie sehr gerne kennenlernen“, sagte Lucy und bot Cousine Julia ihre hübsche Wange zum Kuss an. „Wenn Sie möchten, komme ich zum Mittagessen zurück, und dann können Sie mir alles Weitere erzählen. Meine Leute werden jetzt warten.“

Frau Rolt stand am Fenster und sah ihr beim Weggehen bewundernd nach. So ein junges Wesen, das so viel leistet und die Gemeinde zusammenhält. Aber dann dachte die gute Frau darüber nach, dass sie das schon seit einigen Jahren über Lucy gesagt hatte, und als sie zurückzählte, kam sie zu dem Schluss, dass sie dreiundzwanzig sein musste – nicht so jung, um noch unverheiratet zu sein, für die Tochter von Sir John Curtis, die jeden heiraten könnte . „Ich frage mich, ob da *jemand ist* “, sagte Cousine Julia zu sich selbst und machte in Gedanken einen privaten Rückblick auf alle Herren, die sie kannte – was sie in Gedanken von dem Neuankömmling in Wren Cottage ablenkte, obwohl sie vielleicht schon gesehen wurde Er blickte mit einem gewissen Eifer zum Fenster hinaus und zeigte mehr als ein Ohr.

Lucy machte sich mit einem leichten Zittern vor Aufregung auf den Weg, obwohl sie über sich selbst lachte wegen ihrer absurden Vorstellung von Mrs. Arthur. Warum sollte sie an die Frau ihres Bruders denken? Sie wusste nicht, dass Nancy Underhayes verlassen hatte oder dass der Familie etwas zugestoßen war; und es wäre zu dumm anzunehmen, dass die unbekannte Schwägerin, die lieber ihren Mann und ihre Pflicht verlassen hatte, als ihre Familie aufzugeben, sie ziellos wieder beiseite geworfen hätte, um hierher zu kommen. Warum sollte sie hierher kommen? Sie hatte keinerlei Anzeichen dafür gezeigt, dass sie Arthurs Zuhause kennenlernen wollte; sondern hatte sich vielmehr allem widersetzt und alles abgelehnt, was sie damit in Verbindung bringen könnte. Und jetzt, nachdem zwischen ihnen alles vorbei war, warum sollte sie jetzt kommen? Arthur war ein recht bekannter Nachname, wie Frau Rolt sagte; und sie tadelte sich mit einiger Vehemenz für die fantastische Idee. Sie ging jedoch etwas verwirrt ihrem Geschäft nach und hatte das Gefühl, nicht zu wissen wie, als hätte ein neues Kapitel begonnen; und halb erwartete sie, dass der Neuankömmling sich ihr in den Weg stellen und ihr in die Quere kommen würde. Aber Lucys Geschäfte gingen wie gewohnt weiter, ohne dass jemand sie störte. Sie hielt ihre übliche Geschäftsabgabe ab, nahm die kleinen Ersparnisse der armen Frauen entgegen, die Reste von Pfennigen und Dreipfennigen, die sie für die Kleider der Kinder zu Weihnachten beiseite legen konnten, und hörte all ihre Geschichten über Jungen, denen es gut ging, und Jungen, denen es gut ging krank, und Mädchen, die „vermittelt" werden wollten, und solche, die das Nähen von Kleidern erlernen wollten oder zum Militärdienst nach Oakenden gingen. Sie musste viele häusliche Geschichten hören und mitfühlen und musste mehrere Versprechen machen, mit widerspenstigen Söhnen und Ehemännern zu „sprechen". Die Dorffrauen hatten großes Vertrauen darin, dass „jemand mit ihnen redete" und diese sorglosen Kerle mit ihrem Lohn ins Wirtshaus gingen, anstatt ihn mit nach Hause zu nehmen. „Es ist nicht so, dass er ein schlechtes Herz hat – aber oh, Miss Lucy, er möchte wirklich mit ihm reden!" Sie würden sagen; und Lucy würde darum bitten, dass der beleidigende Ehemann wegen eines kleinen Auftrages in die Halle geschickt oder am Nachmittag in die Schulstube gelockt würde. „Aber er ist so scharfsinnig, er wird jetzt nicht in die Nähe des Klassenzimmers gehen, weil er weiß, dass du da bist und weiß, was auf dich zukommt", sagte eine dieser klagenden Frauen und schüttelte den Kopf. „Dann müssen Sie sagen, dass ich mit ihm sprechen möchte", sagte Lucy. „Machen Sie nicht den Anschein, geschäftlich zu sein, sondern sagen Sie einfach, dass ich ihn oben im Repräsentantenhaus sehen möchte." „Wenn er sich richtig verhält, gebe ich ihm eine kleine Aufgabe", sagte Lucy. Sie hatte vielleicht nicht so viel Vertrauen in das „Reden" wie sie; aber im schlimmsten Fall war es eine schmeichelhafte Täuschung, und den Männern selbst gefiel die Bedeutung des „Mitredens", das sie für einen Moment emporhob, auch wenn es eine unerwünschte Erhebung war, nicht. Sie gehörte seit ihrer Kindheit zu ihnen. Sie hatte Krieg mit dem Wirtshaus geführt, da es halbwegs ein Witz war, ihre kleinen Denunziationen anzuhören, und sowohl Frauen als auch Männer hatten über Miss Lucy gelacht und geweint. „Herr segne sie! Sie spricht mutig", hatten sie gesagt; und diese frühe Einmischung hatte ihr eine gewisse Macht verliehen, wie sie der raueste Ackermann mit angehaltenem Atem dem Kind zugestehen würde, das in kindlicher Rechtschaffenheit und Empörung manchmal einem betrunkenen Vater eine Vorlesung halten kann. Sie hatte auf diese Weise eine Menge Geschäfte gemacht, bevor sie zurückging, um mit Cousine Julia zu Mittag zu essen, was nicht gerade zu ihren unfreundlicheren Aufgaben gehörte. Man hätte annehmen können, dass

Lucy die liebenswerteste Feinschmeckerin war, als sie die kleinen Feste sah, die Mrs. Rolt an diesen Pfarrtagen für sie veranstaltete. Ihr Mann war zu dieser Stunde selten zu Hause, und Cousine Julia war bereit, sich von den Zungen der Nachtigall zu ernähren, wenn sie erhältlich gewesen wären, der jungen Lady Bountiful, die sie vor einer einsamen Mahlzeit bewahrte. Und am Nachmittag gab es die Schulen zu besuchen, das kleine Cottage Hospital, das Kochen und alles, was zum Wohle ihrer Dorfuntertanen geschah. Auch Bertie hatte eine Art, an diesen Gemeindetagen zu Mrs. Rolt zu kommen, und obwohl sie ihn nicht mochte, gestand sie, ebenso wie sie es mit Lucy tat, war Bertie auch eine Cousine, und das war ihr nicht möglich Als sie diese hübschen jungen Leute zusammen sah, empfand sie eine sanftmütige Seele, von einem kleinen schwachen Aufsatz über die Partnervermittlung Abstand zu nehmen. Bertie war nicht gut genug für Lucy, aber Lucy mochte ihn trotzdem. Dinge, die viel unwahrscheinlicher waren, waren bekannt; während es in der Tat wahrscheinlich war, dass er, nur ein Geistlicher und demütig (vielleicht), Angst hatte, es zu wagen, sich Sir Johns Tochter zu öffnen. Frau Rolt hatte das Gefühl, dass es nur das war, was sie tun würde – oder besser gesagt, was sie getan hätte –, ihnen zu ermöglichen, sich zu treffen, wann immer sie konnten. Es waren die Curtises, die ihre Verwandten waren, nicht Mylady; und sie hegte einen natürlichen Widerstand gegen Lucys Mutter, von der man annahm, dass sie wenig Bewunderung für den Rektor hegte. „Ich hoffe, es macht dir nichts aus, meine Liebe, aber der arme Bertie kommt zum Mittagessen“, sagte sie an diesem besonderen „Gemeindetag“ in abfälligem Ton.

„Warum sagst du, armer Bertie? Ich glaube nicht, dass er sich für arm hält“, sagte Lucy halb verärgert.

„Ah, mein Lieber, er bekommt nicht alles, was er sich wünscht, genauso wenig wie der Rest von uns auf dieser Welt“, antwortete Cousine Julia; Und was könnte jemand zu solch einer sehr natürlichen und wahrscheinlichen Tatsache sagen?

KAPITEL V.

Bertie kam zum Mittagessen; und mit Cousine Julia hatte er die Dinge auf seine eigene Art und Weise, viel mehr als jemals zuvor im Herrenhaus – besonders wenn Mr. Rolt abwesend war, durfte Mr. Hubert Curtis das Gesetz bestimmen. Bei gewöhnlichen Gelegenheiten pflegte er zu sagen, dass all diese Eingriffe in das Wirtshaus ein Stück weiblicher Unsinn seien und nichts nützten und dass das Wirtshaus ebenso seinen Platz in der Gesellschaft habe wie jedes andere Institution. Aber Lucy, die bekanntermaßen eine starke Meinung zu diesem Punkt vertritt, änderte in ihrer Anwesenheit seine Ansichten oder zumindest den Ausdruck derselben. Manchmal wurden ihm jedoch seine indiskreten Reden während seiner Abwesenheit bewusst, sogar durch Cousine Julias fehlgeleiteten Eifer und den Wunsch, ihn von seiner klügsten Seite zu zeigen.

„Sagen Sie Lucy, was Sie über den Eingriff in die Freiheit des Volkes gesagt haben", sagte sie. „Ich fand es sehr clever, Bertie. Ich möchte, dass Lucy deine Denkweise kennt." Als Lucy dies hörte, wurde sie aufmerksam und bereitete sich auf den Kampf vor.

„Es war nichts", sagte der Rektor verwirrt und warf seiner einfachen Gönnerin einen mörderischen Blick zu. „Lucy weiß, dass ich den Einfluss, den unsere Position uns verleiht, nicht so weit nutze wie sie."

„Geht es um die ‚Curtis Arms'?" sagte Lucy. „Ich weiß, ich würde morgen den Führerschein wegnehmen, wenn ich Papa wäre."

„Aber mein Liebster, dein Papa muss es am besten wissen. Bertie kann Ihnen viel besser erzählen als ich; aber er sagt, es sei schade, die Menschen auch nur dazu zu zwingen, das Gute zu tun."

„Vielleicht", sagte Lucy, warf ihren kleinen Kopf zurück und bereitete sich auf den Wettbewerb vor. „Aber ich sollte es riskieren. Lassen Sie mich sie zwingen, das Richtige zu tun, wenn Sie es Zwang nennen, und Bertie ihnen überlassen, ihren eigenen Weg zu gehen – und am Ende von sechs Monaten zu sehen, was am zufriedenstellendsten wäre. Wenn Bertie", sagte der junge Gemeindevorsteher, wieder ruhig wurde und mit einer Gewissheit, die leicht verächtlich war, „so lange in der Gemeinde gearbeitet hätte wie ich –"

„Man könnte meinen, das wären hundert Jahre her", sagte der Rektor, „und ich gebe Lucys Erfahrung nach, Cousine Julia. Außerdem würde nichts, was ich tun sollte, wie Sie sehr gut wissen, Lucy stören. Für uns besteht das rechtliche Mittel zur Aufrechterhaltung der Ordnung darin, die Autorität aufrechtzuerhalten, ohne in die Freiheit einzugreifen; aber lass sie sich so sehr in die Freiheit einmischen, wie sie will. Weiß ich nicht, dass es in der Gemeinde keinen Mann gibt, der nicht gerne von Miss Lucy schikaniert wird?

– keinen, den ich kenne", sagte der Rektor mit ein wenig sanfter Betonung. Er wollte daraus schließen, dass auch er bereit war, sich schikanieren zu lassen, mit der Gewährung aller weiblichen Exzentrizitäten des Einflusses, was die Gentleman-Art ist, Frauen wissen zu lassen, dass sie kein wirkliches Recht haben, sich einzumischen.

„Ich hätte nicht gedacht, dass ich jemanden gemobbt habe", sagte Lucy und errötete. Vielleicht verdiente sie dies wegen ihrer impliziten Überlegenheit gegenüber dem Rektor in Bezug auf die Kenntnisse der Gemeinde. Aber Frau Rolt erkannte den Fehler, den sie gemacht hatte, und eilte zur Rettung.

„Lieber, nein. Bertie hätte das nie gedacht, meine Liebe. Er sagt immer, was für einen Einfluss Sie haben, und er ist immer so wunderbar eingesetzt. Du darfst nirgendwo anders als auf dem Land leben, Lucy. Du könntest deine armen Leute nicht in einer Stadt haben, und sie würden dir schrecklich fehlen. Es gibt einem so viele Dinge, an die man denken kann. Und, Bertie, rede über Dinge, an die wir denken sollten, erzähl uns von unseren neuen Nachbarn. Du hast gestern mit ihnen gesprochen, habe ich von Fannys Mutter gehört. Und Lucy ist wie ich, sie möchte es unbedingt wissen."

„Du meinst die Damen im Wren Cottage? „Ja, ich habe sie gestern gesehen", sagte Bertie; aber er zeigte keine Neigung, mehr zu sagen.

„Erzähl Lucy davon. Sie hat sie nicht gesehen. Und wer ist Mrs. Arthur – die Große oder die Kleine? und ist sie eine Witwe? Und wenn sie keine Witwe ist, kommt dann ihr Mann, oder wo ist er? Und was brachte sie auf den Gedanken, nach Oakley zu kommen? Lucy ist nach dem, was ich ihr erzählt habe, ziemlich interessiert; und sie will wissen –"

„Sie müssen warten, bis ich Ihre Fragen gemeistert habe, bevor ich antworten kann. Ist es die Große oder die Kleine, die Mrs. Arthur ist? der Große, glaube ich. Ist sie eine Witwe? Ich kann es nicht sagen. Sie trägt ein seltsames Kleid."

„Es ähnelt eher dem Kleid einer Schwester als dem einer Witwe. Ich weiß, dass sie ein eigenartiges Kleid trägt, Bertie. Das brauchst du mir nicht zu sagen. Aber du hast mit ihr gesprochen …"

„Könnte ich sie fragen, ob sie Witwe war? und wenn nicht, wann kam ihr Mann und warum kam sie nach Oakley? Ich kann neue Gemeindemitglieder nicht so verhören; und nur eine Dame kann solche Dinge herausfinden. Ich weiß nichts über sie", sagte der Rektor hastig. Offensichtlich hatte er keine Lust, darüber zu sprechen; und Lucy, die ihn scharf ansah, betrachtete diesen Widerwillen als Beweis dafür, dass er mehr wusste, als er sagte. Dies war jedoch überhaupt nicht der Fall. Der Rektor verzichtete darauf, über die Neuankömmlinge zu sprechen, weil er mehr Interesse an ihnen verspürte, als es vielleicht ganz richtig war. Er bewunderte „die Große" sehr und hätte gern dafür gesorgt, dass sie Witwe wäre. Aber andererseits wollte er nicht, dass

Lucy das vermutete oder sich auf die Idee setzte, dass Mrs. Arthur der Gegenstand seiner Bewunderung sei. War nicht Lucy selbst sein Hauptobjekt? Und wenn er sie für sich gewinnen könnte, würde es für Mrs. Arthur kaum eine Rolle spielen. Aber in der Zwischenzeit schien es kaum den Anschein zu geben, sie zu gewinnen, und Mrs. Arthur war interessant, und er hatte keine Lust, Lucy zu verraten, dass er sie so fand. Darin war der Rektor natürlich sehr dumm, denn wenn es eine Chance gegeben hätte, Lucy zu erregen oder eifersüchtig zu machen, hätte ihm nichts mehr nützen können, als ihr zu erlauben, sein Interesse an den neuen Bewohnern zu bemerken; Aber nur wenige Männer sind dafür klug genug, und Bertie hatte, das muss man seiner Ehre zugute halten, in solchen Dingen überhaupt keine Weisheit.

Er verdankte es jedoch dem Eindruck, den seine Zurückhaltung bei ihr hervorrief, dass er, wenn er wollte, mehr über diese Fremden erzählen könnte, dass Lucy ihn auf einem Teil ihres Heimwegs fast eingeladen hätte, ihn zu begleiten.

„Ich werde mit dir gehen, soweit unsere Wege zusammenpassen“, sagte sie, als sie ihn an der Tür ihrer Kochschule traf; und er drehte sich mit ihr um, sehr zufrieden, obwohl er nicht vorgehabt hatte, diesen Weg zu gehen. Bekam Lucy ein Gefühl für seine Vorzüge? fragte er sich. Es schien „einfach“ eine der üblichen erschwerenden Arten der Vorsehung zu sein, dass dies geschehen sollte, gerade als er spürte, wie sich ein neues Interesse in seinen Geist einschlich.

„Unsere Wege liegen, soweit Sie es zulassen, aneinander“, sagte er, wobei er den Umfang dieser Rede jedoch durch eine kluge Grenze einschränkte. „Ich würde nichts lieber tun, als an diesem schönen Nachmittag mit Ihnen die Allee entlangzugehen.“

„Oh nein, machen Sie sich nicht die Mühe.“ sagte Lucy. Sie wollte ihn befragen, aber sie wollte nicht so viel von ihm; Andererseits hätte er, obwohl er sich des Aufkommens eines neuen Interesses bewusst war, auf keinen Fall etwas getan, um seine Chance mit Lucy zu verderben, wenn sie auch nur den Anschein gemacht hätte, dass sie ihn wohlwollend ansah. Was auch immer die Meinungsverschiedenheiten sein mochten, Bertie wusste ganz genau, was das Richtige war, ganz ohne jede Dummheit.

„Wie gut, dass Sie sich mit all diesen Kindern so viel Mühe geben“, sagte er. „Werden sie dadurch wirklich besser sein, frage ich mich? Die Küche sah sehr gut aus; aber werden die Abendessen ihrer Väter die besseren sein?“

„Ihre Väter haben Vorurteile – und vielleicht auch ihre Mütter. Es sind ihre Ehemänner und Geliebten, denen es besser gehen wird. Wir müssen immer damit einverstanden sein, eine Generation zu verlieren“, sagte Lucy mit jugendlicher Besonnenheit. Und er lächelte. Es war vielleicht kaum möglich, nicht zu lächeln.

„Wenn mein Onkel dann mit dir einverstanden wäre", sagte er, „und der Rest von uns – die Mädchen, die in euren Schulen das Grillen und Schmoren lernen, würden den Jungen, die nie ein Glas trinken durften, ein schönes Abendessen zubereiten." Ein Glas Bier im ‚Curtis Arms‘, und wenn die alte Generation erst einmal weggefegt wäre, würde alles gut gehen."

"Warum nicht?" sagte Lucy; „Aber ich möchte die alte Generation nicht berühren, wenn nicht zum Guten, schon gar nicht zum Bösen. Ich würde sie nicht wegfegen, aber ich hoffe nicht, viel damit anzufangen. Sogar du und ich", sagte sie bedeutungsvoll , „obwohl wir noch nicht alt sind, sind wir zu alt, um uns mit einer neuen Ordnung der Dinge abzufinden." Aber, Cousin Bertie, es war etwas anderes, was ich dir sagen wollte. Ich bin nicht so neugierig wie die arme, liebe alte Julia; aber – Sie wissen, wie ich sehen konnte, mehr über diese Damen als das, was Sie uns zumindest erzählt haben."

„Diese Damen! Welche Damen?" er weinte, ein wenig verwirrt von der Frage.

„Die neuen Leute – im Wren Cottage; Mrs. – Arthur, ich glaube, Sie nennen sie."

"Oh!" sagte er und machte dann wieder eine kleine Pause, um alle Vermutungen von Lucy zu bestätigen. „In der Tat weiß ich nichts über sie, mehr als ich dir gesagt habe; warum sollte ich? Ich nehme nicht an, dass es etwas zu wissen gibt – und wenn ja, warum sollte ich es Ihnen verheimlichen?"

Aber in seinem Tonfall und in seinem Blick war die Absicht, etwas zurückzuhalten, so deutlich zu erkennen, dass Lucy sich dessen sicherer denn je war.

„Ja", sagte sie, „warum solltest du – von mir? Ich hatte das Gefühl, dass da etwas war; Wenn es ein Geheimnis um sie gibt, Bertie, bin ich sicherlich die beste Person, der ich es anvertrauen kann. Ich glaube, ich habe ein Recht darauf, es zu erfahren."

Was könnte sie meinen? meinte sie damit, dass es eine geheime Übereinkunft zwischen ihnen gäbe und ihr jedes „neue Interesse" seinerseits anvertraut werden sollte? Der Rektor war zutiefst verwirrt. Er hatte weder zu Lucy noch zu ihm etwas gesagt, was einen solchen Anspruch rechtfertigen würde.

„Natürlich", sagte er zögernd, „wissen Sie, dass Sie die erste Person sind, der ich mich anvertrauen würde – wenn es etwas gäbe, dem ich mich anvertrauen könnte." Der Gedanke, den du wissen möchtest, ist zu süß für mich, Lucy."

Sie sah ihm direkt ins Gesicht; fragte ihrerseits, was er meinte? süß für ihn, warum sollte es süß für ihn sein? Was bewirkte an ihrer Frage, dass er ihn so geschmeichelt und doch verwirrt ansah? Sie betrachtete ihn sehr ernst mit fragenden, ruhigen Augen.

„Ich denke, Sie müssen meine Frage nicht verstehen", sagte sie. „Und natürlich kann ich nicht anders, als besorgt zu sein. Sag mir; „Es kann keinen Grund geben", fügte sie mit einer gewissen Ungeduld hinzu, „warum du es *mir nicht sagen solltest* !"

Aber die Verwirrung, die diesem Ausdruck glücklicher Eitelkeit in seinem Gesicht folgte, hatte etwas so Komisches, dass Lucy auflachte.

„Ich glaube schließlich nicht, dass du etwas zu erzählen hast", sagte sie.

„Ich nicht – kein Fetzen von irgendetwas; Was könnte ich zu sagen haben? Was könnten sie für mich sein? Ich habe nur Augen für einen", sagte der Rektor, immer noch etwas verwirrt, und nutzte die Gelegenheit etwas unbeholfen. Sie näherten sich gerade dem Tor, und Lucy warf ihren Kopf mit der kleinen Ungeduld hin und her, die er kannte, und bemerkte mit einiger Wut ihren Fehler.

„Hier sind wir am Ende unseres gemeinsamen Weges", sagte sie abrupt; „Danke, dass du meinen Korb so weit getragen hast, Bertie. Oh nein, ich trage es lieber selbst. Ich kann wirklich nicht zulassen, dass Sie sich weitere Sorgen machen. Guten Morgen. Ich glaube, Papa erwartet dich morgen."

„Aber das muss mich nicht davon abhalten, jetzt zu kommen."

„Oh nein, überhaupt nicht, wenn Sie irgendwelche Absichten mit dem Kommen haben; aber Papa wird draußen sein, und du darfst dir keine Sorgen mehr um mich machen – Auf Wiedersehen!" sagte sie abrupt und winkte ihm mit der Hand zu. Ihm blieb nichts anderes übrig, als nachzugeben. Er drehte sich um und hatte das Gefühl, dass er bei der Begegnung nicht gut abgeschnitten hatte – was meinte sie damit? Sie war die Tochter eines lästigen Gutsbesitzers, mit der der junge Rector immer zu kämpfen hatte. Sie kannte die Gemeinde besser als er und ging dort ihren eigenen Weg, ohne Rücksicht auf seinen Rat. Sie ließ sich weder führen noch leiten, noch ließ man sie erkennen, dass er die erste Person war, die in Betracht gezogen wurde. Und sie ließ sich nicht dazu bringen, ihn zu lieben, geschweige denn Komplimente zu erhalten, geschweige denn zuzustimmen, dass es die natürliche Vereinbarung war, sich mit ihm im Pfarrhaus niederzulassen und alles mitzubringen, was Sir John dem rebellischen Arthur vorenthalten konnte. Und wenn dies der Fall war, warum sollte sie im Namen all dessen, was mysteriös war, das Recht haben, es zu erfahren und die natürliche Person zu sein, der es anvertrauen sollte, wenn ihm tatsächlich ein „neues Interesse" in den Sinn kam? Er war verwirrter und verwirrter, als Worte es ausdrücken könnten.

Was Lucy betrifft, so fuhr sie mit einem leichten Kribbeln in den Wangen fort, weil sie das Gefühl hatte, einen Fehler gemacht zu haben, aber nicht klar war, was der Fehler war. Konnte er glauben, dass es für sie von Bedeutung war, ob er Augen für ein oder ein halbes Dutzend hatte? Was waren seine Augen für sie? Aber auch wenn sie nicht verstand, wie sich das, was er sagte, auf das Thema auswirken sollte, herrschte sicherlich ein wenig Verwirrung über Bertie; Er wusste etwas über Mrs. Arthur, wenn nicht sogar das, was sie sich vor lauter Aufregung zu ahnen erlaubte. Es war ein wunderschöner Oktoberabend mit einem Sonnenuntergang, der hinter dem Wald glänzte. Der Sonnenuntergang ist vielleicht die einzige szenische Darstellung, an der wir nie müde werden. Lucy betrachtete es weiter, verloren in seiner Schönheit, als hätte sie noch nie zuvor eines gesehen. Am unteren Horizont war ein tiefes, purpurrotes Band zu sehen, durchbrochen von Baummassen, und rosige Wolken wirbelten in alle Himmelsrichtungen, gefärbt in allen Abstufungen von Rot, bis die Farbe in einer ätherischen Röte mit dem Blau verschmolz. Und zwischen dem Purpurrot unten und den Rosatönen oben, wie sich der Himmel selbst in magische Grüntöne und schwache gelbe Lichter verwandelte, viel zu visionär, um mit so vulgären Namen bezeichnet zu werden. Sie ging langsam weiter, ihr Gesicht war ihm zugewandt und vom Licht erleuchtet. „Er fängt an, in dem Licht zu versinken, das er auf einem Bett aus Narzissenhimmel liebt", sagte sie sich. In solchen Momenten gibt es Gedanken, die sogar in die friedlichste Seele eindringen, Gedanken an jemanden, der abwesend ist — an etwas, das verloren gegangen ist — falls in unserem Leben etwas verloren oder abwesend sein sollte: und selbst bei denen, die rundum glücklich sind, ein süßer die Vortäuschung des Unglücklichseins wird das Herz befallen; die Stunde, die das Verlangen des Reisenden nach Hause lenkt, an dem Tag, an dem er von seinen lieben Freunden Abschied genommen hat. All dies war in Lucys Kopf und in ihrem Herzen, und sie vergaß, worauf sie noch vor wenigen Minuten so neugierig gewesen war.

Ein Pfad führte von der Allee durch den Park, nicht weit hinter dem Tor. Das Geräusch knisternder Zweige unter vorbeiziehenden Schritten störte sie, weil ihr die Feuchtigkeit in den Augen stand, die man kaum als Tränen bezeichnen konnte. Sie drehte halb den Kopf und sah im Licht zwei Gestalten, eine größer, die andere kleiner — Gestalten, die ihr unbekannt waren, da sie jeden kannte. Ohne es zu wollen, machte Lucy eine kurze misstrauische Pause, die fast wie eine Frage aussah — obwohl das auch ganz unbeabsichtigt war, denn es war eine Durchgangsstraße, und sie hatte weder den Wunsch noch das Recht, jemanden zu stören, der sich dort aufhalten könnte. Die Fremden hatten lange Kränze aus blühenden wilden Clematis mit ihren großen, flaumigen Samenkapseln und einige Büschel scharlachroter und gelber Blätter in ihren Händen. Auch sie machten eine kleine, erschrockene Pause, und es kam zu einer Art taumelndem Rückzug nach hinten und zu einer kurzen Beratung. Lucy fuhr fort, hielt aber einen Moment später wieder inne, als sie hörte, wie jemand ihr über den Teppich aus gefallenen Blättern hinterhertrottete.

"Oh! würdest du bitte-"

Lucy drehte sich um. Es war eine hübsche junge Frau, die trauernd vor ihr stand, leicht gerötet im Gesicht, und ihr Atem ging beim Laufen schnell. Sie war klein und rundlich, eine freundliche, gutmütige, heimelige kleine Person mit einem gesunden Menschenverstand im Gesicht.

„Ich hoffe, wir begehen keinen Hausfriedensbruch. Ich hoffe, dass Sie uns bitte verzeihen, wenn wir einen Verstoß begangen haben, denn wir haben es nicht so gemeint. Wir sind hier Fremde. „Das ist alles Müll", sagte sie und blickte auf die Blätter in ihren Händen. „Nicht einmal Blumen. Wir dachten, dass es nicht schaden würde, sie auszuwählen; Sie gefielen meiner Schwester, sie waren so bunt. Ich hoffe, wir haben nichts falsch gemacht."

Das Englisch war gut genug, das h war schwach, aber nicht merklich abwesend; aber die Stimme war nicht die Stimme einer Dame; Das ahnte Lucy sofort.

„Die Straße ist für alle frei", sagte sie; „Sie begehen kein Hausfriedensbruch; und Sie sind in den Blättern herzlich willkommen. Sie sind schön; Sie haben einen sehr guten Geschmack, sie zu mögen – aber natürlich nützen sie nichts."

„Oh, sie nützen nichts;" sagte die kleine Frau, „es ist meine Schwester." Sie zeichnet sie manchmal. Tatsächlich malt sie sie ganz schön, so ähnlich wie möglich. Sie gibt sich so große Mühe."

„Ist sie eine Künstlerin?" sagte Lucy. Es schien notwendig, etwas zu sagen, denn die Fremde mit ihrem gut gelaunten Gesicht stand still und wartete auf eine Antwort.

"Ach nein; Sie muss nichts tun. Sie tut es zu ihrem Vergnügen. Sie verfügt jetzt über eine umfassende Ausbildung." Dies sagte sie mit einem alarmierenden Blick im Rücken. Lucy drehte sich um und schaute ebenfalls; Die andere größere Gestalt in düsterer schwarzer Kleidung hatte bereits das Tor erreicht.

„Sie müssen es sein, der zum Wren Cottage gekommen ist", sagte sie; „Jeder ist in einem Dorf bekannt und man spricht über ihn; Sind Sie Mrs. Arthur oder die andere Dame? Wenn Sie mir erlauben, werde ich Sie an meinem nächsten Gemeindetag besuchen."

"Oh!" Die rundliche junge Frau stieß einen erschrockenen Schrei aus. „Meine Schwester trifft sich mit niemandem." Dann erholte sich ihr Gesichtsausdruck ein wenig und sie sagte: „Aber ich werde froh sein – sehr froh, dich zu sehen." Wenn sie sich einschließen möchte, kann sie natürlich nach oben gehen."

„Ich möchte niemanden stören", sagte Lucy lächelnd. Sie war eine Prinzessin in ihrem eigenen Königreich und niemand konnte sie beleidigen. Der Gedanke, dass *man* ihr in Oakley irgendjemanden aufdrängen könnte, amüsierte sie tatsächlich eher, als dass sie sie beleidigte . Die Vorstellung war herrlich absurd.

„Nicht aufdringlich – oh mein Gott, nein, nicht aufdringlich; „aber sie hat eine Menge Ärger gehabt", sagte der Fremde, „eine Menge Ärger; Wenn sie überredet werden könnte, jemanden zu sehen, würde es ihr gut tun."

„Ich komme", sagte Lucy mit einem freundlichen Nicken. Sie brauchte keine Zeremonie mit dieser einfachen kleinen Person zu absolvieren; „Und inzwischen ist die Straße durch den Park ganz frei. Guten Tag", sagte sie lächelnd. Alle anderen Fantasien verschwanden beim Anblick dieser rationalen, alltäglichen kleinen Person. Sie war nicht vulgär, schon gar nicht vulgär, denn in ihr lag kein Anspruch; aber sicherlich nicht im Geringsten wie———. Lucy hatte die Bateses gesehen, die Familie von Arthurs Frau; Sie hatte Sarah Jane in ihrer billigen Pracht und die Mutter in ihrer großen Haube und ihrem Schal gesehen. Nichts könnte ihnen ähnlicher sein als diese vernünftige kleine Person in ihrem schlichten, gepflegten Trauerkleid. Sie hatte sie allerdings nur für ein paar Minuten gesehen; aber die Erinnerung an üppige Schönheit, an Blumen und Bänder, an dünne, feine Kleider und ausgelassene Manieren der freien und lockeren Art war stark in ihr verankert; und diese kleine Frau war ziemlich vernünftig und einfach. Was für fantastische Ideen die Leute haben! „Hier gab es offenbar kein Geheimnis oder keine Schwierigkeit", sagte sie sich lächelnd, während sie dem Neuankömmling erneut zunickte, ihren Spaziergang in einem schnelleren Tempo fortsetzte und sich von nun an ungestört auf den Weg zur Halle machte.

KAPITEL VI.

„ Warum hast du mit ihr gesprochen? Warum hast du dich nicht einfach entschuldigt und bist gekommen?" sagte der Jüngere zum Älteren. „Ich dachte, du würdest nie mit dem Reden aufhören."

„Ich wollte sie sehen; Ich wollte herausfinden, was für ein Mädchen sie war; und ich sage dir das, sie ist ein nettes Mädchen. Ich bin nicht festgefahrener als ich. Ein nettes, lächelndes, angenehmes Mädchen, kein bisschen stolz; Nicht die Hälfte oder ein Viertel so stolz wie du, Nancy."

„ *H-schweig!* Nennen Sie mich nicht bei diesem Namen. Verstehst du nicht, dass das der einzige Name ist, den sie kennen? Nennen Sie mich Anna, und es wird keine Rolle spielen; Daran würden sie im Zusammenhang mit mir nie denken."

„Warum sollten sie sich Gedanken über Sie machen?", sagte Matilda. „Eine junge Dame wie Miss Curtis, warum sollte sie sich Gedanken über neue Leute machen, die ins Dorf kommen? Oder was würde sie dazu bringen, über Sie nachzudenken? Sie wissen, warum Sie hierhergekommen sind, denn es war der allerletzte Ort, an dem Arthur auf die Idee gekommen wäre, nach Ihnen zu suchen; obwohl er Sie tatsächlich nicht viel damit belästigt hat, nach Ihnen zu suchen", fügte sie leiser hinzu.

„Sie sind sehr gefühllos", sagte Nancy mit zitternden Lippen.

Denn es würde vergeblich sein, dem Leser die Vorstellung vorzutäuschen, dass diese große junge trauernde Dame, die das Wren Cottage gemietet hatte und Mrs. Arthur hieß, jemand anderes als Nancy war. Ihre Verkleidung war in der Tat für jeden, der jemals Verdacht geweckt hatte, durchsichtig, und gerade die Durchsichtigkeit ihrer Verkleidung war Teil des Charakters des Mädchens, das zwar viel gelitten und etwas gelernt hatte, aber immer noch sie selbst war ganz unten, ungeachtet der Fortschritte, die sie gemacht hatte. Sie hatte große Fortschritte gemacht. Sie hatte eine Menge sehr schwerer, sehr solider Bücher gelesen und hätte eine Prüfung über verschiedene schwer verständliche Themen bestehen können, die ihr nie den geringsten Nutzen bringen konnten. Woher sollte das arme Mädchen das wissen? Sie war sich bewusst, dass das Lesen von Büchern der Weg zur Bildung war, und sie war zu stolz, sich von jemandem leiten zu lassen, der es besser wusste als sie. Sie hatte viele Gedichte und auch viele Romane verschlungen; obwohl sie sich dafür eher schämte. Aber sie wusste, dass es richtig sein musste, die Encyclopædia durchzuarbeiten und Geschichte, Locke on the Human Understanding und andere Bände mit gutem Ruf zu lesen. Zweifellos taten sie ihr mehr oder weniger gut, und allein die Mühe, sie zu lesen, tat ihr gut. Und sie wusste jetzt alles über die Dinge, die ihr in Paris so große Rätsel aufgegeben hatten; über die ermordete Königin und die Menschen, denen die Köpfe abgeschlagen wurden; und hatte alle in London geöffneten Bildersammlungen durchgesehen und kannte jetzt zumindest die Namen der Maler, von denen die Menschen im Allgemeinen begeistert sind. Ihre Fehler in früheren Zeiten verschafften ihr somit eine gewisse Erleuchtung und offenbarten ihr bestimmte Punkte, über die sie sehr unwissend war und von denen es richtig war, sie zu kennen; Aber über diese Grenzen hinaus hatte Nancy nicht viele Informationen darüber, was für die Ausbildung einer Dame erforderlich war, und stolperte, wenn auch mit dem besten Willen der Welt, im Dunkeln. Aber der Beruf, den sie dadurch erhielt, war für sie von größter Bedeutung und hatte ihr ganzes moralisches Wesen gemildert und gefestigt. Außerdem hatte sie Musik ausprobiert, was zu den elementarsten Vorstellungen der Ausbildung einer Dame gehört, aber diese Arbeit war für sie sehr anstrengend, da weder ihre Finger noch ihre Geduld der Belastung gewachsen waren; Aber mit dem Zeichnen war sie besser zurechtgekommen und hatte viele aufwändige Bleistiftkopien angefertigt, einige auch mit Kreide, was Matilda wunderschön fand. Als sowohl ihr Vater als auch ihre Mutter starben, war es unmöglich, sie länger in Underhayes zu behalten. Niemand hatte mehr die geringste Kontrolle über sie. Obwohl Matilda vernünftig war, hatte sie nie die Führung in der Familie übernommen, und obwohl sie kritisierte, gehorchte sie stets dem stärkeren Impuls ihrer jüngeren Schwester. Nancy war bei ihrem jetzigen Handeln ebenso impulsiv und unvorsichtig gewesen wie bei allen vorherigen Bewegungen ihres Lebens. Zum großen Entsetzen ihrer Schwestern hatte sie ihr Einkommen von Arthur aufgegeben, ohne es jemandem zu sagen. „Wovon sollst du leben?“ sie hatten beide vor Entsetzen und Angst geweint. Aber mit Nancy war damals nicht mehr zu reden als zu anderen Zeiten. Sie hatte ihnen mitgeteilt, dass sie vorhabe, von ihrem eigenen winzigen Vermögen zu leben, den zweihundertfünfzig Pfund, die ihre Tante ihr hinterlassen hatte; und als Antwort auf alle ihre Behauptungen, dass dies nur eine sehr kurze Zeit dauern würde, würde sie keine Antwort herablassen. Sie hatte beschlossen, es zu tun, und das war genug – ebenso wie sie beschlossen hatte, andere dumme Dinge zu tun. Matilda war im Geiste einer Märtyrerin mit ihr gekommen. „Wir müssen etwas tun, um unseren Lebensunterhalt zu bestreiten, wenn sie alles ausgegeben hat“, sagte Matilda; „Und ich werde sie nicht im Stich lassen.“ So führte Nancy ihre dumme Absicht aus. Im Moment war sie unabhängig, niemandem gegenüber verpflichtet, was auch immer morgen oder nächstes Jahr passieren mochte. Für den Unerfahrenen scheinen zweihundertfünfzig Pfund eine große Summe zu sein. Und was den Grund betrifft, warum sie nach Oakley kam, wäre noch schwieriger zu sagen. Weil es der letzte Ort auf der Welt sei, an dem Arthur sie wahrscheinlich finden würde, sagte sie. Lag es nicht vielmehr daran, dass Arthur, als er sie suchte (was er ohne Zweifel tun würde, sobald er hörte, „was geschehen war",“ nicht zulassen wollte, dass man sie in Underhayes fand, sich aber auch nicht aus dem Staub machte sein Weg? Allerdings wusste Nancy selbst nicht, was sie in diesem Punkt meinte. In ihrem Kopf herrschten sehr viele verwirrte und unartikulierte Gefühle. Ihr Herz sehnte sich nach ihrem Mann, den sie auf ihre Weise geliebt hatte. Erst als sie ihn von sich vertrieben hatte, wurde ihr klar, wie viel er ihr bedeutete; Und obwohl sie viel zu stolz war, um irgendwelche Annäherungsversuche zur Versöhnung zu machen, wären all ihre vergeblichen Studien, ihre törichten Selbstübungen eine einzige lange stille Annäherungsversuche gewesen, wenn irgendjemand davon gewusst hätte. Und jetzt in die Nachbarschaft seines Hauses zu kommen, von ihm zu hören, die Menschen zu sehen, die sie so oft als gute Leute stigmatisiert hatte (wie die gebildete Nancy jetzt bei solch einem vulgären Gesichtsausdruck errötete!), schien die größte Attraktion der Welt zu sein zu ihr. Sie würde sich nicht in den Weg stellen, um von ihnen bemerkt zu werden, aber sie würde andererseits auch keine gewaltsamen Anstrengungen unternehmen, um ihnen aus dem Weg zu gehen; und schon die Vorstellung, dort zu leben, unbekannt, aber nicht allzu sorgfältig verheimlicht, ohne Rücksicht darauf, ob sie entdeckt wurde oder nicht, erfreute ihren phantastischen Geisteszustand. unverhüllt und doch nicht verschleiert. Sie würde ihren Namen nicht ändern. Sie war Mrs. Arthur, und dort würde sie als Mrs. Arthur bleiben. Wenn man sie entdeckte, schadete sie niemandem. Sie hatte das Recht, dort zu leben, wenn sie wollte. So bezog Nancy, halb aus Sehnsucht, halb aus Trotz, ihre Wohnung in dem kleinen Häuschen, das – niemand wusste warum – „Wren Cottage“ genannt wurde, wahrscheinlich weil es nicht viel größer als ein Zaunkönigsnest war. Vielleicht war ihr nicht in den Sinn gekommen, wie viel Diskussion ihre Ankunft als Fremde in dem ruhigen kleinen Dorf auslösen würde; Vielleicht war es ihr egal, ob über sie gesprochen wurde oder nicht. Tatsächlich dachte sie nicht darüber nach, sondern fragte sich nur mit ganzem Herzen, ob sie es herausfinden würden, ob sie es nicht herausfinden würden, was sie von ihr denken würden? Aber sie fragte sich nie, wie Matilda sagte, warum sie überhaupt an sie denken sollten. Es war zu befürchten, dass dies für Nancy überhaupt nicht wünschenswert war. Dass sie sich nach ihr erkundigten, sich fragten, wer sie war, sie verdächtigten, sie erkannten, das waren die Dinge, die sie sich lieber vorstellte und über die sie gern nachdachte. Lucy hatte sie gesehen und würde sie höchstwahrscheinlich wiedererkennen. Sie war sich sicher, dass sie Lucy erkennen würde, wo auch immer sie sie sah. Es war aufregend, sie auf der Allee zu treffen, als sie sich näherten, und Nancy hatte insgeheim Vergnügen daran, Matilda zu schicken, um sich zu entschuldigen und alles zu erklären, obwohl sie sich durchaus bewusst war, dass es sich um eine öffentliche Straße handelte und dass niemand ihre Bewegungen behindern konnte. Obwohl sie es Matilda nicht zeigen ließ, zitterte sie vor unterdrückter Aufregung, als ihre Schwester zu ihr zurückkehrte. Als Folge eines solchen Treffens konnte nichts geschehen; Lucy hätte weder durch die ferne Vision ihrer Gestalt im Gegenlicht noch durch Matilda, die sie noch nie gesehen hatte, erraten können, wer sie war; aber dennoch zitterte das eigenwillige, eigenwillige Mädchen, das sich so sehr gewehrt hatte, bei dieser zufälligen Begegnung. Danach ging sie aufgeregt und am ganzen Körper kribbelnd zum Wren Cottage zurück; Dennoch spürte ich eine Leere in der Luft, als ob alle Farbe und Erwartung verschwunden wären.

Das Wren Cottage war sehr klein. Die Tür öffnete sich direkt ins Wohnzimmer, ohne Durchgang oder Vorzimmer. Nancy von vor zwei Jahren hätte es für sehr üblich gehalten, aber Nancy von heute, die ein wenig über Kunst in Bezug auf moderne Wohnorte Bescheid wusste, vermutete, dass es „urig" sein musste, und nannte es so. Eine Holztreppe führte hinauf in die Schlafzimmer. An der Seite befand sich ein tiefes, eingelassenes Fenster, das dem Raum etwas mehr Anmut verlieh und einen Blick auf die Straße bis zu den Hall-Toren und einen kleinen Teil der Allee bot. Hier hatte Nancy ihre Bücher auf dem Fensterbrett aufgestellt. Sie waren von sehr heterogener Beschaffenheit. Es gab ein französisches Buch, etwas über die Revolution, das sie „zur Übung" las, und es gab ein philosophisches Werk, das sie las – weil sie dachte, das sei das Richtige; aber ein bisschen davon hat viel bewirkt. So stellten die wenigen Bände, die ihr gefielen, einen unvollkommenen Ausgleich zu den vielen Bänden dar, die ihr nicht gefielen, an denen sie aber gewissenhaft arbeitete, da sie davon ausgingen, dass sie die richtigen Mittel für ihren Zweck darstellten. Ihre vorliegende solide Studie war von äußerst heterodoxem Charakter und hätte Nancys „Stabilität" in der Lehre möglicherweise gefährden können, wenn es hier einen Kritiker gegeben hätte, der in der Lage gewesen wäre, zu urteilen; und hätte vielleicht ihr eigenes Gehirn verwirrt, das arme Mädchen, wenn sie darauf geachtet hätte. Aber sie benutzte das Buch genauso, wie sie einen Stuhl benutzte – der eine war zum Lesen, der andere zum Sitzen; und Nancy machte sich über das eine nicht mehr Sorgen als über das andere. Neben diesen Studien hing an der Seite des Fensters ein großer Kreidekarton, den sie so sorgfältig abschrieb, dass einem beim Anblick die Finger weh taten. Als sie jedoch von ihrem Spaziergang zurückkam, legte Nancy ihre geschälten Clematis und alle Herbstblätter in ihren Händen auf das Fensterbrett und ordnete sie etwas mechanisch, aber mit einer gewissen Anmut, auf einem großen Blatt Papier an. wo sie sie teils nachzeichnete, teils zeichnete, wie sie lagen. Das war ihre Fantasie – und sie fand es sehr frivol und kindisch; Es hatte überhaupt nichts mit der Entstehung der Figur zu tun, wie bei der Kreidezeichnung.

Während Nancy zu ihrer Zufriedenheit ihren Kranz niederlegte, kochte Matilda den Tee. Sie hatten das kleine Zimmer mit einem gemeinsamen, einfarbigen Teppich ausgelegt, der mit einer schmalen Bordüre verziert war. Unter Nancys Büchern hatte es einige gegeben, die sich mit dieser Frage befassten, und sie hatte dieser Frage eine feierliche Betrachtungsweise gewidmet, die selbst den strengsten Kritiker zufrieden gestellt hätte. Der kleine Tisch in der Mitte des Zimmers hatte eine entsprechende Decke; Die Treppen waren mit demselben roten Teppich ausgelegt, und an dem breiten Sprossenfenster, das auf die Straße hinausging, hingen ähnliche Vorhänge. Dies war nur ein elementarer Schritt der Dekoration, aber wie wichtig erschien er in Nancys Augen! so wichtig wie Königin Marie Antoinette und die Tatsache, die sie so schmerzlich gelernt hatte, dass alte Bilder allgemein als besser angesehen wurden als neue. Sie schämte sich, wenn sie ihre Blätter sehr schnell bemalte, mit einem erröteten Gesicht, weil sie es für bloße Kinderei hielt, und wenn sie einen Roman oder sogar ein neues Gedicht las. Aber Matilda davon abzuhalten, die Stühle an die Wände zu stellen und bei allen Accessoires im Raum die gleiche Farbe beizubehalten, das war ernst. Es war einer ihrer Beweise dafür, dass sie eine echte Dame wurde und nicht mehr unwissend war und alles Neue und Bunte liebte, wie sie es leider gewesen war! als Arthur bei ihr war; Alles wurde jetzt geändert und repariert. Der Tee widersprach eher Nancys Vorstellungen davon, was sie in ihrem gegenwärtigen Zustand der Selbstkultur tun sollte. Sie sollte sich auf das Abendessen vorbereiten. Aber dann gab es auch praktische Überlegungen, die hier gegen die Theorie sprachen. Fanny, die kleine Magd, kam nur morgens und das „späte Abendessen", dieses charakteristische Merkmal im Leben des „Adels", musste gekocht werden, bevor es gegessen wurde; und beide bevorzugten Tee; und es war viel billiger und verursachte weniger Ärger; und schließlich besuchte sie niemand, um dafür zu sorgen, dass sie nicht aßen. Nancy war an dem Tag, an dem der Rektor angerufen hatte, nicht unpässlich, das Abendessen einzuberufen.

So wie es war, setzte sie sich zu ihrem Brot und Butter mit ausreichendem Inhalt. Sie hatte viel zu tun und war trotz ihrer prekären Lage, getrennt von ihrem Mann, ohne Einkommen und von ihrem geringen Kapital lebend, nicht unglücklich. Sie war zu beschäftigt, um unglücklich zu sein. Sie war völlig ungeeignet gewesen, Arthurs Begleiterin zu sein, als sie zusammen waren; und es gab so viel zu tun, um sich für diesen Posten zu qualifizieren. Aber als die Curtises sahen, dass sie so gut zeichnen konnte, dass ihr Zimmer so künstlerisch ausgestattet war und dass sie so viele Bücher gelesen hatte, was konnten sie da anders denken, als dass sie wirklich eine Dame war? Und Arthur würde für sie nach Hause kommen und alles wäre gut. Diese Hoffnungen gingen ihr durch den Kopf, während sie las und zeichnete. Sie war beschäftigt, und es gab Hoffnung in ihr, und niemand, der ihr in die Quere kam. Dementsprechend war Nancy nicht unglücklich.

„Ich würde mich überhaupt nicht wundern, wenn Miss Curtis anrufen würde – sie hat etwas dazu gesagt. Wirst du sie sehen oder wirst du sie nicht sehen? Ich sagte, ich sei nicht sicher, ob es dir gefallen würde."

„Matilda, das war unhöflich!"

„Nichts dergleichen – was soll ich sagen? Ich konnte es ihr nicht sagen, Nancy möchte nicht gesehen werden."

„Nenn mich bitte nicht Nancy!"

„Na ja, Anna – aber ich kann mich nie erinnern. Ich sagte, ich wüsste nicht, ob es dir gefallen würde – aber du könntest trotzdem nach oben gehen, wenn es dir nicht gefallen würde."

„Sie muss mich für einen hübschen Bären halten. Sie hat dich nicht gefragt, wie deine Schwester heißt, woher sie kommt und auch nichts über sie?"

"Kein Wort. Warum sollte sie? Du bist überhaupt nicht aufgetaucht; Wenn man dich sieht, bist du viel interessanter als ich, das leugne ich nicht."

"Bitte!" sagte Nancy und faltete die Hände. „Sag nicht ‚ein Deal' und ‚interessanter als ich'." "

„Was soll ich sagen", sagte die gut gelaunte Matilda; „Es ist gut, dass ich nicht nervös bin. Wenn sie kommt, kannst du nach oben rennen. Sie können über das Geländer hinweg lauschen und alles hören, was sie sagt; Und wenn dir ihr Vortrag gefällt, kannst du das nächste Mal vorbeikommen. Denn wenn du nicht gedacht hättest, dass wir sie sehen würden, Nancy, warum hätten wir dann hierherkommen sollen?"

„Aber sie wird mich kennen", sagte Nancy, „sie hat mich einmal gesehen –"

„An deinem Hochzeitstag! Glaubst du nicht, dass du in dieser komischen steifen kleinen Mütze und dem weißen Kragen ein bisschen der gleichen Person bist wie in deinem Hochzeitskleid mit deinem Schleier? Ich glaube nicht, dass Arthur selbst dich kennen würde", sagte ihre Schwester offen. Nancy zuckte bei dieser Bemerkung unwillkürlich zusammen. Sie wollte nicht so verändert sein. Dass sie sich ein wenig verändert hätte, dass es schwierig sein könnte, sie wiederzuerkennen, und dass ein Gefühl des Geheimnisvollen ihre Neugier wecken könnte, bevor sie es herausfinden würden – das wäre nichts anderes als angenehm; Aber sie dachte nicht daran, sich selbst so unähnlich zu sein, dass sie nicht einmal von Arthur erkannt wurde.

Es war Matildas Aufgabe, den Tee wegzuräumen, da es ihre Aufgabe gewesen war, ihn zuzubereiten. Zwischen ihnen bestand kein Zweifel an ihren unterschiedlichen Positionen. Matilda gab Nancy alles, was die andere verlangen konnte. Es war nicht ihre Sache, Gott bewahre es, diese großen Bücher zu lesen, so viel über alles nachzudenken, sich solche Mühe zu geben, Zeichnen zu lernen und die Einrichtung eines Raumes zu verstehen. Aber es gefiel ihr, den Tee zu holen und die Sachen wegzuräumen, obwohl sie dazu neigte, Nancy wütend zu machen, indem sie die Stühle direkt an die Wand stellte. Und dann saßen sie mit der Lampe zwischen sich am Tisch, Matilda mit ihren Handarbeiten, Nancy las zum Üben ihr Französisch. Vielleicht seufzte die ältere Schwester in ihrem Herzen nach der Freundlichkeit von Underhayes, wo sie sich abends rausschleichen und durch das glühende Gas in Raisins' Laden in das gemütliche kleine Wohnzimmer gehen konnte, um mit Sarah Jane zu plaudern; aber im Großen und Ganzen waren sie überhaupt nicht unglücklich; Alle Energien von Nancys aktivem Geist waren auf ihr Französisch gerichtet. Sie könnte jetzt, dachte sie, alles, was ihr gesagt wurde, sehr gut verstehen, falls sie jemals wieder nach Frankreich reisen würde; und die Stücke verstehen und wissen, worum es ging. So drehte sie sich in ihrem engen Kreis, bereitete sich auf die Eventualitäten vor, die einmal eingetreten waren, und hoffte immer noch, dass es dieselben waren, die auch wieder passieren würden.

Aber Nancy gönnte sich gerade eine kleine Pause von ihren Beschäftigungen und malte noch einmal ihren wirren Kranz aus Herbstblättern, war aber eher geneigt, etwas darüber zu werfen, vielleicht einen dieser elenden Antimacassars, die bewiesen, dass sie still war (obwohl sie es nicht wusste). im Land der Knechtschaft – denn selbst Matilda, die eine tiefe Bewunderung für die Kreidezeichnung hegte, dachte über den anderen Unsinn nach –, als es am nächsten Morgen leise an der Haustür klopfte. Matilda öffnete sie so schnell, dass ihre Schwester weder Zeit hatte zu verschwinden noch ihren Beruf zu verbergen, als Mrs. Rolts freundliches Gesicht mittleren Alters an der Tür erschien.

„Ich bin Frau Rolt, eine sehr nahe Nachbarin. Darf ich vorbeikommen und Frau Arthur besuchen, wenn sie zu Hause ist?" sagte Cousine Julia. Ihre sanften Augen waren voller Neugier. Sie warf einen Blick auf den Hintergrund des Bildes, auf die Tiefe der Nische, in der Nancy mit ihren Bleistiften in der Hand stand. Ihre Figur wirkte größer als in dem langen, eng anliegenden schwarzen Kleid; und die kleine, geschlossene Mütze aus durchsichtigem Netz auf ihrem Kopf sah aus wie ein Stück Klostertracht; und sie trug ein Jet-Kreuz um den Hals, was diesen Effekt verstärkte. Frau Rolt dachte, sie sei wie die mysteriöse Dame in einem Roman mit einem interessanten Geheimnis. Sie sah Nancy an, obwohl Matilda ihr am nächsten stand. „Ich weiß nicht einmal, wer Mrs. Arthur ist", sagte sie mit einem ihrer einschmeichelnden Lächeln. Nancy trat vor und legte die Stifte nieder. Sie grüßte den Fremden in einer unscheinbaren Art, halb Verbeugung, halb Knicks. Es war unbeholfen und schüchtern, aber es war nicht unanmutig. Matilda lächelte nur freundlich, was, das muss man zugeben, auch seinen Zweck erfüllte; Aber es bestand keine Wahrscheinlichkeit, dass Matilda jemals die Frau eines Botschafters werden würde, deren Pflicht es war, sich gegenüber der ganzen Welt feierlich und höflich zu verhalten. „Ich freue mich sehr, Ihre Bekanntschaft zu machen", sagte Frau Rolt; „Ich wage zu behaupten, dass du mich manchmal so siehst, wie ich dich sehe. Ich habe oft und oft hinübergeschaut; und ich hätte anrufen sollen, aber ich hatte Angst, dass Sie denken könnten, ich würde aufdringlich sein. Wie mir jedoch gestern gesagt wurde – das ist Miss Curtis, von der Sie sicher schon gehört haben –, sagte mir, dass ich kommen sollte; und ich war sehr froh, sie das sagen zu hören. Haben Sie einen der Curtises getroffen, Mrs. Arthur? Sie sind, wie Sie natürlich wissen, die wichtigsten Leute hier."

„Ich habe getroffen – einen aus der Familie; vor langer Zeit;" sagte Nancy und zitterte, als sie es sagte. Aber sie konnte sich nicht zurückhalten, denn plötzlich hatte sie das Gefühl, sie müsse von Arthur hören oder sterben.

„Hast du das tatsächlich? Ich frage mich, was das sein würde. Ich würde mich nicht wundern, wenn es Arthur wäre – Arthur ist derjenige, der am meisten auf der Welt war. Und oh, was für ein trauriges Schicksal für ihn, der arme Kerl! Er hat irgendein gewöhnliches Mädchen geheiratet – ich möchte nichts gegen ihren Charakter sagen, wissen Sie; aber sie war keine Dame. Und nach einer Weile musste er sich von ihr trennen. So ein trauriges Geschäft! Und der arme Arthur war der netteste Junge, der arme Kerl! Ich nehme an, Sie müssen ihn in London getroffen haben. Wie interessiert die arme, liebe Lady Curtis sein wird."

„Oh, sag nicht, ich hätte ihn getroffen!" rief Nancy, deren Wangen brannten. „Es – vielleicht ist es nicht dasselbe; es könnte ein Fehler sein. War er – nicht glücklich – mit seiner Frau?"

Matilda stellte sich hinter Mrs. Rolt und machte ihrer Schwester ein warnendes Zeichen. Nancys Augen glühten, ihr Gesicht war blutrot. Jeder weniger ruhige und unaufmerksame Zuschauer hätte ihr Geheimnis sofort erraten.

„Oh, armer Kerl! Ich glaube, er war schrecklich in sie verliebt, wie es junge Männer so oft sind, wenn sie außerhalb ihres Standes heiraten; Aber sie haben sich getrennt, wissen Sie, also können sie wohl nicht glücklich gewesen sein. Wir erwarteten sie hier unten, und alle möglichen Vorbereitungen wurden getroffen, und die liebe Lady Curtis war so aufgeregt. Und dann wurde auf einmal alles widerrufen, und der arme Arthur kam allein herunter und sah sehr elend aus, der arme Kerl! Ich frage mich oft, ob sie jemals wieder zusammenkommen werden. Es scheint so schade – ein junger Mann, der alles vor sich hat! Aber das setzt seinem Leben natürlich ein Ende; Was kann er tun? abgeschnitten von allem! Denn die Leute haben kein Interesse daran, in der Gesellschaft einen attraktiven jungen Mann wie diesen zu fördern, der verheiratet ist und dennoch sozusagen nicht verheiratet ist. Ah!" sagte Frau Rolt und holte tief Luft; „Wie ich weiterlaufe! Als ob Sie, die Sie ortsfremd

sind, genauso an den Curtises interessiert sein könnten wie wir. Es ist sehr
nett von Ihnen, zuzuhören, da bin ich mir sicher.“

Kapitel VII.

N ANCYs Aufregung nach diesem Interview mit Frau Rolt war groß. Es war ihr noch nie in den Sinn gekommen, an die Gefühle zu denken, die Arthurs Familie und Freunde im Zusammenhang mit ihrer Ehe treffen könnten. Dass sie auf sie „herabsahen" – sie als armes Mädchen verachteten, sie als keine Dame verspotteten, war verständlich genug und weckte in ihr einen wilden Trotz. Dies weckte in ihrem undisziplinierten Busen den Grundsatz, dass sie „so gut wie sie war", und führte zu all dem darauffolgenden Leid. Aber als sie so einfach hörte, wie sich die Gefühle auf der anderen Seite anfühlten, und besonders die Klage über Arthurs verdorbenes Leben, mit der Frau Rolt abgeschlossen hatte, begann Nancys Herz, das so zitternd zuversichtlich gewesen war, zu sinken. Wenn es so war – und natürlich musste es so sein – konnte er ihr verzeihen, dass sie ihn durch ihre Perversität zu einem solchen Schicksal verurteilt hatte? Sie hatte oft eifersüchtig an ihn gedacht, als würde er sich in der unbekannten Gesellschaft, von der sie nichts wusste, „sich amüsieren"; Aber es war ihr nie in den Sinn gekommen, dass Arthur sich in dieser Gesellschaft in einer falschen Position befand, ein verheirateter Mann, aber kein verheirateter Mann; Zweifellos besser dran als eine Frau in der gleichen Position, aber trotzdem schlecht dran; zweifelnd betrachtet, nicht der einen oder anderen Klasse zugehörig. War es das, wozu sie ihn verurteilt hatte? Wäre sie vernünftig gewesen und wäre sie mitgekommen, als Lady Curtis all diese Vorbereitungen für ihren Empfang getroffen hatte, hätte das alles vielleicht vermieden werden können. Der Gedanke, dass Lady Curtis, die jetzt so nahe bei ihr war, Vorbereitungen getroffen hatte, um sie zu empfangen, erfüllte sie mit einer seltsamen Erregung, und selbst der Gedanke, die Frau ihres Sohnes zu treffen, hatte sie sogar erregt.

„Wenn ich jetzt hingehen und es ihr sagen würde, was würde sie sagen?" Fragte sich Nancy. Das wäre völlig anders. Arthurs Frau hatte früher ein Recht auf alles. Arthurs Frau, worauf hatte sie denn überhaupt ein Recht? nichts als die Abneigung und Opposition von Arthurs Familie. Für sie war sie eine Fremde – eine Feindin!

„Wenn es so auf dich wirkt, nur jemanden zu sehen, der sie kennt, obwohl sie nicht zu ihnen gehört", sagte Matilda, „was werden sie dann mit dir machen, wenn sie selbst kommen?" und diese junge Dame sagte, sie würde selbst kommen – und oh! Hat sie nicht schnelle Augen? Sie wird dich gleich ganz und gar durchlesen."

„Lass mich in Ruhe", sagte Nancy; „Glaubst du, es interessiert mich, wer kommt? Ich habe mehr Kontrolle über mich selbst, als Sie denken."

„Ich würde gerne noch mehr Anzeichen dafür sehen", sagte Matilda; „Ich dachte, du hättest deine dummen Verhaltensweisen geändert; Aber hier bist du wieder, gehst auf und ab und tobst genauso schlimm wie zu Hause. Wenn bei der ersten Erwähnung von Arthur alles noch einmal von vorne beginnen soll, warum in aller Welt haben Sie dann Arthur verlassen?"

„Weil ich verrückt war, glaube ich;" sagte Nancy.

„Nun, das war immer meine Meinung. Ihr Mann, ein netter, wohlgesonnener junger Mann, der alles getan hätte, um Ihnen zu gefallen! und alles für uns zu Hause, die Sie natürlich gern hatten; aber ich wollte dich nicht sehr, Nancy."

„Du bist grausam, sehr grausam, es mir jetzt zu sagen", rief Nancy, „es mir jetzt zu sagen!"

„Nun, jetzt hätte ich es dir nur sagen können", sagte Matilda gelassen. „Ich hätte es damals nicht gesagt, um deine Gefühle zu verletzen; Aber man kann dem armen alten Vater und der armen alten Mutter jetzt keinen Vorwurf machen, und das ist ganz wahr. Wenn eine Tochter geheiratet hat und mit ihrem Mann weggegangen ist, wer will sie dann wieder zu Hause haben? Aber niemand würde unfreundlich sein und deine Gefühle verletzen; und jetzt hört man dasselbe von der anderen Seite. Was kann man denken, wenn verheiratete Menschen getrennt werden, aber dass etwas nicht stimmt? Auf der einen Seite oder auf der anderen Seite ist alles eins. Aber zwischen euch ist nichts falsch, nur eure Launen – nur eure Launen, Nancy, würde ich sagen, für Arthur, das würde ich sagen, war es für ihn immer viel wichtiger, als er hätte ertragen sollen, viel mehr, als ich es tun würde sind an seiner Stelle eingetreten."

Nancy antwortete nicht. Sie zog sich in ihre Fensternische zurück, legte ihren Kopf in die Hände und weinte zwischen all dem „Müll" der Herbstblätter, gegen den Matilda so streng war. Es war alles wahr. Solange ihr Vater und ihre Mutter lebten, hatte ihre eigensinnige Seele eine Art Anker in dem Gedanken gehabt, dass Arthur und seine Familie sie beleidigt und verurteilt hatten, die sie verteidigen und rechtfertigen musste; und dies lieferte einen gewissen Grund und eine Entschuldigung für ihr eigenes Verhalten, das an sich keiner genaueren Prüfung standhielt. Ihre Bücher, aus denen sie so seltsame, heterogene Informationen erhalten hatte, hatten sie in ihrem Denken nicht besonders angeleitet; Aber schon die Distanz zu einer aufregenden Periode der individuellen Geschichte reicht aus, um einen kalten Schimmer unangenehmen Lichts auf sie zu werfen, einem Licht, dem wir uns in den meisten Fällen entziehen würden, wenn wir könnten. Nancy war ihm durch impulsives Handeln nach der Veränderung, die sie zum Nachdenken gezwungen hatte, nach den beiden Todesfällen, die sie sozusagen in die Welt hinausgeworfen hatten, entgangen. Sie hatte das eine und das andere überstürzt, ihr Taschengeld aufgegeben, ihre Villa aufgegeben, war hierher gezogen, ohne sich viel Zeit zum Nachdenken zu lassen; Aber jetzt konnte sie den zurückgebliebenen Augenblick nicht länger aufhalten, und sie musste nachdenken. Im Nachhinein war nicht viel zufriedenstellend. War es möglich, dass sie sie nicht zu Hause haben wollten? und dass sie Arthurs Leben ebenso verdorben hatte wie ihr eigenes? Wofür? Sie konnte es nicht sagen. Weil seine Familie „auf sie herabschaute", weil er dagegen war, in Underhayes zu leben, weil sie dumm, hitzköpfig und unvernünftig war. Und welche Aussicht bestand nun, dass der Ehemann, den sie so beleidigt hatte, und seine Familie, der sie sich widersetzt und die sie durch ihn verletzt hatte, bereit sein würden, ihr zu vergeben und sie in ihre Gunst zu bringen? Eine vorübergehende Verzweiflung überkam Nancy. Das erste Mal, dass ein ungestümer junger Geist seine eigenen Fehler sieht und sich selbst völlig missbilligt, was für ein Moment! Zurechtweisungen gegenüber anderen bringen im Allgemeinen einen Impuls zur Selbstverteidigung mit sich, der die Selbstverurteilung zunichte macht; Aber wenn sich die Seele zuerst in der Stille, von niemandem angeklagt, erhebt und sich selbst beurteilt, was für ein Schmerz liegt in der immer verspäteten Überzeugung — vielleicht zu spät, immer zu spät, nachdem sie gelitten und leiden lassen hat, abgelenkt in der Im besten Fall mit der verzweifelten Frage, ob es vielleicht noch einen Ort der Buße gibt. Matilda, die ruhig an ihrer Handarbeit saß, hatte keine Ahnung, welch leidenschaftliche Verzweiflung in Nancys Kopf herrschte, während sie dort saß und weinte. Was sollte aus ihr werden? Die ältere Schwester war über diese Frage besorgt gewesen, als Nancy so dumm war, auf ihr Taschengeld zu verzichten. Matilda selbst hatte sich niedergelassen, um sich Charley in Neuseeland anzuschließen, wo nützliche junge Frauen wie sie, wie sie wusste, gesucht wurden, als Männerfrauen und in anderen häuslichen Funktionen; aber sie wollte ihre törichte Schwester nicht im Stich lassen — und nun wartete Matilda mit ausreichender Gelassenheit auf die Lösung der Frage: Was sollte aus ihnen werden? Wenn sich die Curtises nach der Entdeckung ihres transparenten Geheimnisses bereit zeigten, sich um Arthurs Frau zu kümmern, wollte Matilda ihr einen so deutlichen Teil ihrer Meinung geben, dass es keine Möglichkeit mehr für eine Selbsttäuschung ihrerseits geben konnte von Nancy; und ihr dann und dort die Option der Rückkehr zu ihren Pflichten oder der sofortigen Auswanderung vorzulegen; aber in der Zwischenzeit konnte die vernünftige Matilda warten, bis diese Krise kam. Sie arbeitete in diesem Moment still an ihrem eigenen Outfit für Neuseeland, während Nancy ihre Bücher studierte, zeichnete oder mit dem „Müll" „spielte", der im Raum verstreut war. Matilda hatte, wie die meisten Menschen, Respekt vor Bildung, und vielleicht hatte das alles etwas Gutes; Aber während diese fantastische, ungerichtete Vorbereitung auf etwas, sie konnte nicht sagen, was, bei Nancy vor sich ging, traf Matilda jene sachlichen Vorbereitungen, die niemals ohne ihren Nutzen sein können. Sie fertigte ihre Hemden für die Reise an, während die andere versuchte, sich zu einer „Dame" zu machen. Der eine Versuch könnte scheitern, der andere jedoch nicht; und so arbeitete sie stetig weiter, völlig unbewußt der wilden Wogen der Verzweiflung und Selbstverurteilung in Nancys Geist. Matilda wusste nicht, was diese Gefühle waren. Sie selbst hatte immer ihre Pflicht getan, und Nancy war sehr albern gewesen, und damit war Schluss. Wenn sie weiterhin albern blieb, hatte sich Matilda völlig dazu entschlossen, die Führung der Geschäfte zu übernehmen und die fantastische junge Frau zur Vernunft zu bringen, indem sie ihr zumindest einen Teil ihrer Gedanken gab.

So ging es ein oder zwei Wochen nach Mrs. Rolts Besuch weiter; Es geschah nichts weiter, was die Schwestern in ihrer Stille stören könnte, und Nancy brauchte zumindest die Anregung zu etwas Neuem. Sie geriet in Verzweiflung wegen ihrer Lektüre, ihrem gewissenhaften Streben nach Wissen und Erfolgen. Wenn es immer so weitergehen würde wie jetzt, was wäre das Gute? Jeden Tag stand sie auf und hoffte, dass etwas passieren würde, eine Begegnung, die das Blut in ihren Adern zum Fließen bringen würde; aber nichts ist passiert. Es war regnerisches Wetter, und es war nicht einmal um Haaresbreite passiert, Lucy zu treffen oder erkannt zu werden — diese Gefahr, die sie angeblich fürchtete und nach der sie sich insgeheim sehnte. Das Dorfleben war sehr langweilig und still, und die Schwestern hatten keine natürliche Ablenkung, keine Pause von der Schwere und Monotonie der regnerischen Herbsttage. Für Matilda war es in der Tat Beschäftigung genug, sich regelmäßig mit ihrem Hemd zu befassen, und sie freute sich sogar über die Ruhe, die es ihr ermöglichte, „so viel zu erledigen". Doch selbst ohne das Gefühl der Ungewissheit über ihr Schicksal, das sie unruhig machte, war Nancy von Natur aus nicht friedvoll genug, um ohne Bruch und Veränderung gelebt zu haben; und ihr gesamter Lebensplan, so künstlich er von Anfang an gewesen war, war desorganisiert und zerbrochen. Zuerst hatte sie alles gehofft und aus der Geschichte eine kleine Romanze gemacht: wie Arthur sie aufsuchen würde, sobald er erfuhr, „was geschehen war"; wie er, als er sie in Underhayes nicht finden konnte, überall hin stürmte, um nach ihr zu suchen, Werbung für sie zu machen und sie nah und fern zu verfolgen; wie er traurig nach Hause kam, um seiner Mutter zu sagen, dass seine Nancy für immer verloren und sein Herz gebrochen sei; und dann würde sie sie finden und alle Schwierigkeiten in Freude verwandeln. Das war die Fantasie, die das törichte Mädchen in ihrem Herzen gehegt hatte; aber es gab keine Anzeichen oder den Anschein, dass daraus etwas werden würde. Im Gegenteil, sie begann so etwas wie den wirklichen Stand der Dinge wahrzunehmen; Sie sah, was sie über ihren Mann gebracht hatte, indem sie ihn grundlos im Stich ließ, und etwas von dem Licht, in dem ihr Verhalten anderen erscheinen musste; und wie konnte sie sicher sein, dass er nun bereit war zu verzeihen, bereit, ihr wieder seine Arme zu öffnen? Dieser Gedanke zerstörte Nancys ganzes Vertrauen in ihre Fortschritte, in ihre Lektüre, ihr Französisch, ihre wunderschön schattierte *Etüde* . Was für eine Torheit würden diese Arbeiten alle zur Folge haben, wenn er sie verachtete und kein Interesse an ihrer Verbesserung hätte! Es würde ihr nichts nützen, eine Dame zu sein, wenn sie sich nicht mit Arthur versöhnte; und was wäre, wenn Arthur nicht länger versöhnen wollte?

Frau Rolt hingegen war von den neuen Nachbarn, bei denen ihr Besuch so ganz andere Aufregung hervorgerufen hatte, höchst angenehm berührt und begeistert. Sie eilte in ihre Regenjacke und Goloschen in die Halle, um die Geschichte zu erzählen. Es war zu nass für Lucy, um sich ins Dorf zu wagen; aber Cousine Julia hätte sich angesichts einer solchen Neuigkeit, die sie nun zu überbringen hatte, überall hinwagen können. Sie erzählte, wie sie zu dem Besuch gegangen war, vor allem bewegt von Lucys Ermutigungen.

„Denn ich dachte, wenn Lucy es für das Richtige hielt, müssen Sie das auch gedacht haben, liebe Lady Curtis; Und natürlich weißt du es besser als ich. Sie haben etwas sehr Seltsames an sich. Der Verheiratete ist ganz anders als der andere. Ich bin mir sicher, dass sie eine äußerst talentierte und sehr gutaussehende Person ist. Ich denke, sie muss etwas sehr Künstlerisches sein, und vielleicht war sie auf der Bühne. Oh nein, sie hat nichts gesagt, was mich auf diese Idee bringen könnte; Aber sie hat etwas an sich; sie ist sehr hübsch, mit einem so schönen Teint und schönen Augen und Haaren. Aber die andere ist ziemlich heimelig, eine nette, kleine, freundliche Frau. Wenn Sie mich fragen, bin ich der Meinung“, sagte Frau Rolt geheimnisvoll, „dass sie keine Witwe ist. *Ich* würde sagen, dass Mr. Arthur, wer auch immer er sein mag, nicht besser ist, als er sein sollte; und er hat das Herz seiner armen Frau gebrochen und sie von ihm vertrieben. Das ist meine Idee. Sam sagt „Fudge!“ aber dann sagt er immer „Fudge“. Ich wünschte, ich wüsste die Rechte der Geschichte; und Sie werden sehen, es wird ungefähr so ausfallen, wie ich es sage.“

„Auf der Bühne – war die junge Frau auf der Bühne? Ich hoffe, sie wird im Dorf keine Vorliebe für so etwas wecken“, sagte Sir John, der wie üblich auf eine Tasse Tee hereingekommen war.

„Oh mein Gott, nein – nein, das habe ich nicht so gemeint. Sie ist genau die Art von geheimnisvollem, lieblichem jungen Geschöpf – so überlegen und doch mit einer so heimeligen Schwester; und so gutaussehend – und ganz allein, wissen Sie –, dass man auf der Bühne hätte stehen können, wie man in Büchern liest; etwas ganz Romantisches und so Interessantes, wie ein Roman“, rief Frau Rolt.

„Ich hoffe, dass es zum dritten Band kommt und uns alle unterhält“, sagte Lady Curtis. „Wir wollen bei diesem regnerischen Wetter ein wenig Unterhaltung. Vielleicht taucht der Ehemann auf und erweist sich auch als gutaussehend und überlegen; vielleicht erfährt sie aber auch von seinem Tod – was ist los, Lucy? Du hast deinen Tee über meine Crewels verschüttet!“

„Nein, ich habe mir nur ein wenig die Finger verbrannt. Es gefällt mir nicht, dass Sie sich über den Ehemann streiten, als wären wir ganz sicher, dass er der Schuldige ist."

„Ah, nun ja", sagte Lady Curtis mit einem Seufzer. Es brachte ihr eine andere Geschichte in den Sinn, so wie es zweifellos auch bei Lucy der Fall gewesen war; und danach wurde nichts mehr gesagt. Sicherlich, sagte sich Mrs. Rolt, als sie in dem Brougham nach Hause fuhr, den Lady Curtis (immer so freundlich!) unbedingt für sie bereithalten musste – es war vielleicht nicht richtig, über irgendetwas zu sprechen, das an das des armen Arthur erinnern könnte traurige Umstände. Aber das hier war offensichtlich so anders, ein so interessantes junges Geschöpf; und der liebe Sir John war ziemlich amüsiert gewesen.

Am nächsten hellen Tag waren Lady Curtis und ihre Tochter beide im Dorf. Nach dem ersten Herbstregenausbruch ist ein heller Tag sehr verlockend; und der Spaziergang entlang der Allee war angenehm, und das Dorf sonnte sich in der Sonne mit echtem Vergnügen, als ob die alten roten Häuser wüssten, wie zweckmäßig es war, das Wenige an Wärme und Helligkeit, das noch möglich war, optimal zu nutzen. Lady Curtis saß am Fenster von Cousine Julia, während sie auf Lucy wartete, und blickte nicht ohne Befriedigung auf das Dorf hinaus, so ruhig es auch war. Zu sehen, wie die Frauen an ihren Türen standen und vor dem Pfarrer einen Knicks machten, als er vorbeiging, und die Kinder, die ihm aus dem Weg gingen, und den Karren mit Körben, der von zwei heiseren und schrillen Landstreichern geführt wurde und in diesem Moment eine triumphale Fahrt durch die Kirche machte Die Straße war eine Abwechslung zum durchnässten Grün des Parks, wie man es von den langen Fenstern des Morgenzimmers aus sehen konnte. Sie war eine Frau, die leicht zu amüsieren war, und diese einfache Abwechslung gefiel ihr. Sie blickte mit einem Lächeln im Gesicht auf diese ländliche Szene, als sie das plötzliche Auftauchen zweier unbekannter Gestalten überraschte; und als Bertie innehielt, um mit viel Anschein von Herzlichkeit und Interesse mit ihnen zu sprechen, war Lady Curtis interessiert.

"Wer sind diese?" fragte sie mit der Neugier einer großen Landdame, fast beleidigt darüber, dass irgendein neues, ihr unbekanntes Individuum sozusagen ohne ihre Erlaubnis in den Straßen ihrer Metropole auftauchen sollte. „Ich habe Bertie noch nie so eifrig gesehen; er sieht aus, als hätte er für einen Moment vergessen, dass er selbst der erste Mensch sein muss, an den man denkt. Wer ist sie, Julia?" rief Lady Curtis.

Frau Rolt kam hastig vom anderen Ende des Zimmers, wo sie den Tee gekocht hatte.

„Oh, das ist der geheimnisvolle Fremde – das ist Mrs. Arthur – das ist das schöne Geschöpf, von dem ich dir so viel erzählt habe. Finden Sie sie nicht sehr hübsch – finden Sie sie nicht interessant? Ich bin so froh, dass du sie gesehen hast! Ja, Bertie ist ihnen gegenüber sehr höflich. Er geht mit ihnen zurück zu ihrer Tür; aber sie bitten ihn nie herein. Ich muss sagen, dass es nie etwas Klügeres gab. Sie ermutigen ihn nie, zu kommen; und obwohl er der Rektor ist, ist er ein junger Mann, wissen Sie, und angenehm. Ich würde auf jeden Fall sagen, dass Bertie einverstanden war, wenn meine Meinung von Bedeutung wäre.“

„Das ist also Ihre mysteriöse junge Frau?“ sagte Lady Curtis. „Nein, Julia, nein, sie war noch nie auf der Bühne. Sie gehen nie so, wenn sie auf der Bühne waren. Sie kann nicht laufen; aber sie hat eine gewisse Anmut. Ich kann nicht sagen, ob sie gutaussehend ist oder nicht; aber was kann so eine Frau hier schon wollen?“

„Das ist genau das, was ich nie herausgefunden habe“, sagte Cousine Julia, erfreut, über ihr Lieblingsthema zu sprechen. Nancy drehte sich gerade um, ohne sich der auf sie gerichteten Blicke bewusst zu werden, um den Karren mit den Körben zu betrachten, und setzte sich so unversehens dem vollen Blick der Mutter ihres Mannes aus. Ihr langes schwarzes Kleid verlieh ihrer Figur eine gewisse Würde und erregte durch seine Schlichtheit die Aufmerksamkeit, ebenso wie die kleine enge schwarze Haube mit dem weißen Rand, die ihr Gesicht umgab. Nancy hatte in ihrer gewöhnlichen Kleidung und ihren gewöhnlichen Stimmungen noch nie auch nur halb so vornehm oder lieblich gewirkt. Lady Curtis konnte ihren Blick nicht von diesem Gesicht abwenden, das so sanft getönt, so rein frisch und streng gerahmt war.

„Warum hast du es mir nicht vorher gesagt? Das Mädchen ist eine Schönheit!“ Sie sagte.

"Eine Schönheit?" sagte Lucy und kam ins Zimmer; und auch sie blickte hinter der Schulter ihrer Mutter hervor. Hatte sie dieses Gesicht jemals zuvor gesehen? fragte sie sich mit einer Besorgnis, die keiner der anderen ahnen konnte. Sie hatte es nur ein oder zwei Minuten lang gesehen, umgeben von Wolken aus Brautweiß. War es wahrscheinlich, dass sie es jetzt in dieser fast konventionellen Strenge des Kostüms erkennen konnte? Sie blieb halb zufrieden, halb enttäuscht hinter ihrer Mutter zurück und schenkte den weiteren Kommentaren von Lady Curtis, die Mrs. Rolt entzückten, keine Beachtung. Wenn es niemand war, den sie jemals zuvor gesehen hatte – was kümmerte es Lucy dann, wer es war? Doch als die beiden Damen Cousine Julia verlassen hatten und auf dem Heimweg ein paar Schritte gemacht hatten, hielt Lady Curtis plötzlich inne.

„Glaubst du nicht, Lucy", sagte sie versöhnlich, „dass es nur nett wäre, diese neuen Leute aufzusuchen? Sie müssen sich an diesem ruhigen Ort sehr seltsam fühlen; und da sie wirklich eine Dame zu sein scheint –"

„Ich bin durchaus bereit zu gehen, Mama." sagte Lucy und spürte, wie ihr Herz gegen ihren Willen schneller schlug.

„Aber glauben Sie nicht, dass es nur eine Pflicht ist?" sagte Lady Curtis. Sie wollte davon überzeugt werden, dass sie gehen sollte – nicht nur, weil sie neugierig war, was der wahre Grund war; Aber als Lucy keine weitere Antwort erwiderte, drehte sich ihre Mutter, die ihre eigene Ungeduld als Grund dafür benutzte, zu tun, was sie wollte, scharf um, zeigte Lucy ein wenig verärgert, und ging direkt hinüber zur Haustür. Cousine Julia sah sie und klatschte vor Vergnügen fast in die Hände, während sie hinter den Vorhängen lauerte und zusah; und die beiden Leute im Wren Cottage, die seit ihrem Eintreten auch von ihren Fenstern aus zugeschaut hatten, sahen sie auch und bereiteten sich mit unbeschreiblicher Aufregung auf den Besuch vor. Lady Curtis bewegte sich so schnell, dass sie an die Tür geklopft und Matilda geöffnet hatte, bevor Nancy, die dahinter stand, ihren ersten atemlosen Anfall von Aufregung und Misstrauen überwunden hatte. Sie stand, ein wenig vorgebeugt, die Hände gefaltet, die Lippen geöffnet und vor Aufregung keuchend, als die Besucher sie zum ersten Mal sahen. Lady Curtis strahlte ein wenig Freude und Interesse aus.

„Ich hatte von Mrs. Arthur als neuer Nachbarin gehört", sagte sie; „Ich hoffe, dass ich vorbeikomme und meine Aufwartung mache, auch wenn es schon spät ist."

„Oh, kommen Sie herein, kommen Sie herein, meine Dame." rief Matilda und beeilte sich eifrig, Stühle für die großen Damen aufzustellen. Matildas Herz hüpfte nicht so in ihrer Brust, dass sie dachte, es müsse ganz entkommen – Nancys Herz hingegen schon, als sie sich plötzlich in der Gegenwart dieser beiden Damen fühlte, mit denen ihr eigenes Schicksal so eng verbunden war. Sie hielt ihr Herz mit der Hand, damit es ihr nicht aus der Kehle sprang, und schnappte nach Luft und konnte nichts sagen; und es war kein Wunder, dass Lady Curtis von dem Eindruck, den ihr Besuch machte, geschmeichelt war und dachte, sie hätte noch nie zuvor ein so ausdrucksstarkes Gesicht gesehen.

„Meine Schwester wird sich sehr freuen, Ihre Ladyschaft kennenzulernen", sagte Matilda. „Was für ein schöner Tag und was für ein Segen nach dem Regen! Wir begannen zu glauben, dass es nie wieder gut werden würde. Anna! Siehst du meine Dame nicht – und hast du nichts zu sagen?"

„Es ist sehr nett von Lady Curtis, zu kommen", sagte Nancy mühsam. Sie konnte ihren Blick nicht von den beiden abwenden. Und Lucy blickte sie hinter ihrer Mutter an, erneut voller Staunen und Misstrauen. Warum war sie so aufgeregt? worüber sollte man sich aufregen?

„Ich hoffe, Ihnen gefällt unser Dorf", sagte Lady Curtis; „Sehr wenige Leute sehen es, außer den Menschen vor Ort, daher wird es unserer Meinung nach nicht so sehr bewundert, wie es sein sollte. Es ist ein hübsches Dorf; aber ich vertraue darauf, dass es Ihnen im Laufe des Winters nicht sehr langweilig wird."

„Oh, wir suchen nicht viel; wir sind es gewohnt, sehr ruhig zu leben –"

„Das ist gut", sagte Lady Curtis; „Denn in Oakley ist es sehr ruhig – im Winter so ruhig, dass ich sehr fürchte, dass Sie Angst haben werden. Jeder vorbeikommende Fremde ist ein Ereignis. Heute zum Beispiel war es ziemlich fröhlich; ein Hausiererkarren, ein höchst malerisches Objekt – und als Sie zwei Damen auftauchten, die ich vorher noch nicht gesehen hatte, wurde es ganz aufregend. Hyde Park ist für mich selten so voller Neuheiten."

Sie starrten sie beide ein wenig an und wussten nicht, was sie sagen sollten.

„Der Karren sah ziemlich fröhlich aus", sagte Matilda; „Ich dachte, genau das, was Ihre Ladyschaft sagt. Einige der Körbe waren ziemlich hübsch und es war schön, sie zu sehen. Aber ich konnte Na – meine Schwester – nicht davon überzeugen, welche zu kaufen", schloss sie hastig. Was für ein feuriger Blick schoss ihr aus Nancys Augen entgegen!

„Wir wollten sie nicht", sagte sie; einen Schritt näher kommen. Sie war zu unruhig, um sich hinzusetzen; ihr Herz schlug tatsächlich leiser und ihr Atem war ruhiger; aber hier im selben Raum mit ihnen beiden zu sein und gleichgültig mit ihnen zu reden, als ob sie sie nicht kannte, als ob sie nicht von dem Wunsch erfüllt wäre, sie zu versöhnen! – obwohl eine Berührung zu viel sie auf die andere Seite getrieben hätte Seite, um sich ihnen offen zu widersetzen. Zum ersten Mal spürte Nancy, wie wenig sie sich auf sich selbst verlassen konnte. Sie könnten etwas sagen, sie könnten sogar etwas sehen, das sie beleidigen und sie aus dem Konzept bringen würde. Sie spürte keine Kraft in sich, sich selbst zu führen. Wie wild und atemlos sie war, wie unfähig, mit der Situation umzugehen, selbst jetzt, obwohl es weder Beleidigung noch *Annäherung gab!* Es muss völlig davon abhängen, was sie tun oder sagen würden.

„Sie haben Ressourcen, wie ich sehe", sagte Lady Curtis, „Bücher schützen einen vor allem. Aber …", fügte sie hinzu und schloss hastig eines, das sie auf dem Tisch geöffnet hatte. „Das ist keine übliche Lektüre. Ist es eine Absolventin mit goldenem Haar, die wir unter uns haben, ohne es zu wissen?" Sie lächelte gnädig, während sie sprach. Und Nancy wurde rot und blass und setzte sich, allerdings nur, weil ihre Glieder unter ihr zitterten.

„Ich weiß – sehr wenig", sagte sie bescheiden, kaum in der Lage, ihre Stimme zu beherrschen.

„Aber sie ist überhaupt kein Mädchen", sagte Matilda. „Sie ist eine verheiratete Frau, obwohl Sie es kaum glauben würden, Mylady; und sie liebt ihr Buch sehr. Na – Anna, zeigen Sie Ihrer Ladyschaft die schöne Zeichnung, die Sie gerade machen; Daran denkt sie am meisten."

"Das Laub? Was für eine bezaubernde Girlande!" sagte Lady Curtis. Der „Müll", mit dem Nancy sich beschäftigt hatte, wurde mit zwei Stiften an der Wand befestigt. Nancy selbst fand es ziemlich hübsch, aber natürlich nichts im Vergleich zu der *Skizze* mit Kreide.

„Oh nein, das nicht! das ist alles Unsinn. Es gebührt Ihrer Ladyschaft nicht, es anzusehen; aber schauen Sie her, Mylady", sagte Matilda stolz. Lady Curtis warf einen sorglosen Blick auf die Zeichnung, die die Schwester für so überlegen hielt; Dann wandte er sich voller Bewunderung dem Kranz zu, der an der Wand hing.

„Ich muss versuchen, Sie zu überreden", sagte sie, „nach einer Weile, wenn Sie uns kennen, einige Entwürfe für mich und meine Crewels anzufertigen. Wie schön würden sie funktionieren! Schau, Lucy!"

„Sie sind sehr klug", sagte Lucy und ging hinauf, um nachzusehen; die Schwestern trauten ihren Ohren nicht; und noch nie hatte befriedigter Stolz ihr Herz so berührt wie in diesem Moment, obwohl Nancy die Süße des mädchenhaften Triumphs gekannt hatte, vor Arthur „Angebote gemacht" hatte und die Süße der Anbetung eines jungen Liebhabers gekostet hatte; Ihr Gesicht erhellte sich vor ängstlicher Ehrfurcht und Besorgnis.

„Glaubst du das wirklich, wirklich? dass ich Entwürfe machen könnte – für dich?"

Lady Curtis glaubte, alles zu verstehen; Offensichtlich waren sie arm, und das versprach vielleicht eine Beschäftigung, die ihren armen Armen helfen würde, über den Lebensunterhalt zu kommen. „Das tue ich tatsächlich, wirklich, wirklich", sagte sie, erfreut über die Einfachheit der Worte, „wenn Sie so freundlich sind und sich so viel Mühe geben. Ich werde Ihnen zeigen, woran ich gerade arbeite, wenn Sie mich in der Halle besuchen kommen."

In Nancys Kopf schwamm ein sanfter Rausch der Lust. Diese freundlichen Blicke, diese freundlichen Worte dieser gefürchteten feinen Dame, die ihr Schreckgespenst gewesen war – die sie in ihrer Vorstellung hasste und der jede böse Eigenschaft zugeschrieben wurde – überwältigten sie. Und Lucys Anwesenheit verlieh dieser seltsamen Ekstase der Gefühle einen gefährlichen Schauer, halb beunruhigend, halb köstlich. Wenn Lucy sie hätte erkennen sollen! Sie sagte gerade etwas, sie konnte kaum sagen, was, dass nichts, was sie tun konnte, gut genug war – als Lady Curtis, die ihr immer noch lächelnd ins Gesicht blickte, sie mit der unschuldigen Frage zu Boden warf:

„Sie haben meinen Sohn kennengelernt – in der Gesellschaft – Mrs. Rolt denkt –"

Nancy sprang von ihrem Stuhl auf und konnte sich nicht zurückhalten. "Oh nein nein!" Sie sagte zitternd – nicht, wie sie sagen wollte, in der Gesellschaft, aber sie änderte dies eher instinktiv als vernünftig: „Nicht – dein Sohn; Ich sagte ihr danach, dass es – ein Fehler war; nur jemand mit dem Namen."

"Ah!" sagte Lady Curtis mit einem kleinen Seufzer. "Ich bin enttäuscht. Ich dachte, es wäre mein Arthur gewesen. Vielleicht war es dann einer meiner Neffen, die Jungs des Generals? Der Rektor ist einer von ihnen. Mein Sohn ist seit mehr als zwei Jahren nicht mehr zu Hause – es ist eine lange Zeit, ihn nicht zu sehen. „Ich hatte durchaus gehofft", fügte sie mit schmeichelhafter Freundlichkeit hinzu, „dass er es war, den Sie kannten."

Wieder drehte sich Nancys Kopf immer wieder. Sollte sie sich nicht zu Füßen dieser Dame werfen, die sie so gnädig anlächelte, und alles erzählen, was Arthur für sie war? Der Impuls war fast zu stark, um ihm widerstehen zu können. Während sie am Vorabend dieses Ansturms stand, warf Lucy, die vorbeikam, um ihren Platz einzunehmen, nachdem sie die Zeichnung untersucht hatte, sie fragend, verwundert und misstrauisch an. Dies brachte Nancy wieder auf festen Boden. Sie warf einen alarmierten, verwirrten Blick in die Runde und traute sich nicht, etwas zu sagen.

„Ich bin sicher, meine Schwester würde sich freuen, wenn Sie das Bild hätten, meine Dame", sagte Matilda, „denn es gefällt Ihnen – obwohl ich sicher nicht weiß, warum. Es sind alles Blätter, die wir aus Ihrem Park geholt haben. Ich und – Anna gehen oft dorthin. Zu dieser Jahreszeit ist es etwas nass; aber im Sommer muss es herrlich sein – wenn wir bis dahin bleiben."

„Ich hoffe, Sie bleiben", sagte Lady Curtis und erhob sich, „Sie sollten Oakley in voller Schönheit sehen; und ich hoffe, dass du Lucy und mich besuchen wirst", fügte sie hinzu und streckte ihre Hand aus. Nancy wusste nicht, was mit ihr geschah, als diese weiche Hand ihre drückte. „Und wenn wir Ihnen von Nutzen sein können – da Sie allein hier sind –, hoffe ich, dass Sie es mir sagen werden", sagte Lady Curtis.

"Also!" sagte Matilda, als sich die Tür vor ihnen schloss und sie ihre Gestalten vom Fenster aus beobachtet hatte. „Na, Nancy! Was denkst du jetzt über sie? Eine nettere, höflichere, angenehmere, freundlichere Dame möchte ich nie sehen; Und darum hast du so viel Aufhebens gemacht, als ob sie ein Monster wäre und dich fressen würde! Ich würde auf meinen Knien nach Providence gehen, um mir so eine Schwiegermutter zu schenken. Kein bisschen Stolz –

als wären wir die besten Damen des Landes gewesen. Oh, Nancy, Nancy! Was warst du doch für ein Idiot! Wenn die arme, liebe Mutter es nur wüsste."

Aber Nancy hatte es nicht mehr geschafft, für sich selbst einzustehen oder eine Antwort zu geben. Sie hatte ihr Gesicht mit den Händen bedeckt; Ihr ganzer Körper kribbelte, ihr Kopf schwamm, ihr Herz voller Kummer und Freude, Verwirrung und Verzweiflung. Was für ein Idiot, was für ein Idiot sie gewesen war! das war in der Tat, wenn nichts anderes, über alle Maßen wahr.

Lady Curtis war von ihrer neuen Bekanntschaft entzückt. „Da gibt es ein Geheimnis", sagte sie, als sie zügig davongingen. „Es ist leicht zu erkennen, dass die Schwester einer ganz anderen Klasse und Zucht angehört als dieses rührende junge Geschöpf mit ihren blauen Augen. Ich frage mich, ob sie überhaupt eine Schwester ist oder eine alte Dienerin, die sie beschützt? Ich weiß nicht, wann ich jemals so großes Interesse daran hatte", sagte sie.

Was Lucy betrifft, sie sagte nichts; Ihr Geist war voller Zweifel und Verwirrung. Sie wusste nicht, was sie denken sollte, und es gab nichts, was sie sagen konnte.

KAPITEL VIII.

DURANT war seit mehr als einem Jahr nicht mehr in Oakley gewesen. Er hatte keine Einladung erhalten, obwohl er mit Lady Curtis immer noch auf den gleichen vertraulichen und liebevollen Bedingungen korrespondierte wie zuvor; und sein Herz war durch diese Pause der Stagnation in seinem Leben krank geworden. Es gibt Momente, in denen das, was wir jahrelang mit erträglicher Ruhe ertragen haben, auf einmal für uns unerträglich wird; und dies ist insbesondere bei Männern der Fall, die hart und pflichtbewusst gearbeitet haben, ohne viel persönliche Belohnung zu erhalten, und plötzlich von einem zufälligen Stich berührt werden, um zu sehen, dass ihnen ihre besten Jahre entgehen, ohne die Freuden, die zu dieser Krone gehören Existenz. Warum dieses Gefühl Durant nach seinem späten Besuch in Underhayes überkommen sollte und nicht bei früheren Besuchen, als er seinen Freund Arthur, der so viel jünger war als er, das Glück genießen sah, das er nicht genießen durfte, würde es tun schwer zu sagen sein. Vielleicht war Arthurs Glück, solange es andauerte, zu voller Nachteile, um seinen Freund anzuziehen, für den es nie möglich gewesen wäre, in Mrs. Bates' Wohnzimmer hinter dem Rücken der Familie um seine Liebe zu werben. Aber seltsamerweise, als die Familie hinweggefegt wurde und all ihre Schäbigkeit erbärmlich geworden war; und als Arthurs Glück zu Staub zerfallen war und scheinbar zu etwas geworden war, das nicht mehr wiederhergestellt oder sogar hoffnungsvoll war, dann, und nur dann, erregte es die schlummernde Leidenschaft in Durants Adern. Er sagte sich, dass es am Ende vielleicht eine größere Dummheit sei, die Chance auf das Glück gänzlich zu verlieren, indem man passiv darauf wartete, dass es aus den Wolken auf ihn fiele, als sogar die verrückte Torheit, die Arthur ruiniert hatte. Jedenfalls hatte Arthur im schlimmsten Fall seine Chance gehabt; wohingegen Lewis, soweit es den Anschein anging, nie seine Chance bekommen sollte, sondern nur noch weiter für das Wohl anderer arbeiten sollte, bis die Fähigkeit zur Freude in ihm erschöpft war. Im grauen Herbstwetter, wenn es regnet, der Himmel sich senkt und sich alles auf den „Ende des Jahres" beruhigt, überkommt uns nicht manchmal eine unerträgliche Sehnsucht nach Sonnenschein und Helligkeit – eine Sehnsucht, die Muss das durch das Anzünden von Lampen und künstlichen Beleuchtungsprozessen befriedigt werden, wenn nicht durch die natürliche und gesegnete Sonne? Durant fuhr noch eine Weile fort, sein Herz voller schwelendem Feuer, und dachte über seine eigene Einsamkeit inmitten all der Freuden und Gemeinschaften der Welt nach, über die Art und Weise nach, wie sein eigener harter Verdienst dahinschmolz und in den Abgrund der Unvorsichtigkeit stürzte und unschöne Verschwendung im Haus seines Vaters, ohne wirklichen Nutzen selbst für die Bewohner darin, geschweige denn für ihn, dessen Arbeit keine Erleichterung fand, was auch immer geschehen mochte. Schließlich wurde der Punkt der Explosion durch die Berührung eines Glückspilzes erreicht. Zum ersten Mal wurde er als Erster Anwalt in einem wichtigen Fall beauftragt, der in der Welt Aufsehen erregen dürfte, und wurde gleichzeitig zum Mitglied einer Untersuchungskommission für bestimmte Rechtsmängel ernannt, die damals vom Parlament geprüft wurde. Das plötzliche Vergnügen, sich unter seinesgleichen hervorzuheben, ganz abgesehen von dem Gewinn, den es mit sich brachte, löste in seinem Geist ein schnelles und durchdringendes Vergnügen aus und machte die ungeduldige Geduld, die so viele Gedanken bereits aufs Spiel gesetzt hatten, gänzlich zunichte. Ein kleiner Erfolg entfacht unter solchen Umständen oft die Mine, die Müdigkeit, Nachdenken und Vergleich mit brennbaren Stoffen gefüllt haben. Warum sollte er sich noch länger träge hinziehen, ohne auch nur den Versuch zu unternehmen, sein eigenes Leben aufzuhellen? Der Mann, der seine Schuhe schwärzte, sicherte sich eine wöchentliche Vergütung, hatte gerade „seinen Platz aufgegeben" und seine Existenz riskiert, um „sich zu verbessern"; und warum sollte der Meister nicht auch versuchen, sich zu verbessern? Dieser plötzliche Impuls brachte ihn in Flammen. Welchen Nutzen hatte seine Selbstverleugnung, sein Verzicht auf alle angenehmen Dinge? Wer sie haben möchte, muss sie ergreifen, ohne all diese Möglichkeiten abzuwägen und die Kosten zu berechnen. Durant war dieser fast grimmigen Unabhängigkeit nicht überlegen, die, wie alles Gute, das aus dem Bösen hervorgeht, ihre falsche Seite hat. Die Abhängigkeit und die unablässigen Forderungen seiner Familie hatten ihn in seinem Entschluss, niemandem etwas zu schulden und seine eigene Karriere ohne Hilfe zu meistern, streng gemacht; und hatte ihn auch zu stolz gemacht, um persönlich um einen Gefallen zu bitten, nicht einmal um eine Übernachtung von den Freunden, denen er bei Gelegenheit mit der Demut wahrer Großzügigkeit gedient hatte. Er hätte Zeit, die für ihn wertvoller war als Geld für die meisten Menschen, oder Geld, von dem er nicht allzu viel besaß, im Dienst der Curtises verbracht, wann immer diese ihn aufsuchten; aber er würde sie nicht bitten, ihn einzuladen, oder auch nur andeuten, dass er gerne eingeladen werden würde. Dies war einer der *Défauts de ses qualités* . Daher kostete es ihn ein wenig Mühe, über Umwege nach Oakley zu gelangen. Dies tat er mithilfe eines Studienfreundes, der im Umkreis von einem Dutzend Meilen seinen Lebensunterhalt hatte und bei dem er keine Einwände hatte, sich für einen kurzen Besuch anzubieten; Und was lag da näher, als dass er für ein paar Stunden nach Oakley fuhr? Er tat dies einige Tage nach dem Besuch von Lady Curtis in Nancy und erschien plötzlich am Morgen, bewusstlos und ängstlich, während die Familie noch beim Frühstück saß.

„Ich dachte, ich laufe runter und besuche Cavendish in Stainforth", sagte er und spürte die Schwäche dieser Ausrede.

„Cavendish in Stainforth!" wiederholte Lady Curtis und wurde blass. Sie hat den Vorwand durchschaut, aber sie hat den Grund dafür nicht durchschaut. Wenn es ihr Sohn war, der ihr sofort in den Sinn kam, welche Mutter würde ihr dann die Schuld geben? Sie ignorierte alle seine eigenen Beweggründe Durants mit erbarmungsloser, wenn auch unbewusster Grausamkeit; und verließ den Tisch überstürzt, ihr Herz klopfte vor plötzlicher Aufregung. „Oh, Lewis, Arthur ist etwas passiert; und du bist gekommen, um es mir zu brechen!" sagte sie und drehte sich zu ihm um, als er ihr in ihr Morgenzimmer folgte.

„Nein", sagte er mit einer verlegenen Miene des Schuldgefühls und fühlte sich absolut böse, weil er sie aus eigenem Antrieb auf diese Weise eingeschüchtert hatte.

Lucy war noch zurückgeblieben und folgte ihm, als sie diese Antwort hörte. Sie drehte sich sofort um und ging weg. Ihr Herz hatte bei seinem Anblick noch wilder geschlagen als das ihrer Mutter, aber das Gefühl war weniger einfach. War es nur so, dass Arthur immer der erste Gedanke sein sollte? Wenn es nicht etwas war, was Arthur widerfahren war, das Lewis hierhergebracht hatte, dann war es – etwas anderes. Diese Schlussfolgerung, die so einfach in diese Worte gefasst war, erfüllte Lucy mit unwillkürlicher Erregung. Als er die Frage ihrer Mutter mit „Nein" beantwortete, drehte sie sich um und ging weg. Würde er es dann riskieren, alle Gefahren einer absoluten Trennung zu wagen? Lucy hatte ihn seit mehr als einem Jahr nicht gesehen; aber sie wusste, was in seinem Herzen war. Sie hatte nie an ihm gezweifelt; Sie selbst war der geheimen Hoffnung treu geblieben, und er auch. Sie eilte in ihr eigenes Zimmer, während er, das wusste sie, ihr Glück auf die Probe stellte, es auf die Probe stellte, alles verlor oder gewann. Lucys Herz schlug so stark, dass sie nicht denken konnte. Und würden sie so hart und grausam sein, ihr ihr Glück zu verweigern, den Vater und die Mutter, die sie so sehr liebten? Höchstwahrscheinlich würden sie das tun. Sie konnte sich nichts vormachen. Höchstwahrscheinlich würde man ihn hoffnungslos wegschicken, vielleicht mit Verachtung. Ein Mädchen durchlebt einen schrecklichen Moment, in dem es weiß, dass sein Leben und das eines anderen, das ihr noch lieber ist, auf diese Weise für sie entschieden wird, ohne dass sie die Macht hat, einzugreifen. Wenn Lewis sie um ihre Liebe bitten würde, würde sie ihm sagen, ja, sie würde sie geben, sie hatte sie gegeben; aber sich selbst konnte sie nicht geben. Man könnte sagen, sie war volljährig, voll wahlfähig und hatte kein Gesetz, weder ein menschliches noch ein göttliches, das sie daran hinderte, sich auf das festzulegen, was für sie wichtiger war als für irgendjemanden: ihren eigenen Weg und ihren eigenen Lebensgefährten . Alles so wahr und doch so vergeblich in seiner Wahrheit. Lucy war frei; doch an Händen und Füßen gefesselt, gebunden durch unzählige hauchdünne Fäden aus Pflicht und Zuneigung, die sie nicht durchbrechen konnte und auch nicht versuchen würde, wenn sie könnte. Es handelte sich weder um ein Gesetz noch um eine erlassene Behinderung, nichts, was das Parlament antasten konnte, noch um die öffentliche Meinung, noch um die Emanzipation der Frau; aber die Natur, unwiederbringlich, unveränderlich, die sie band. Sie konnte ihren üblichen Beschäftigungen nicht nachgehen, sie konnte nicht nach unten gehen. Sie saß zitternd da und konnte wegen der Aufregung in ihren Ohren kaum denken. Sie musste sitzen und warten, während er sein Unterfangen wagte; Sie wusste, dass im Moment nichts in ihrer Macht stand.

„Nicht Arthur!" rief Lady Curtis. „Oh, vergib mir, Lewis, dass ich immer zuerst an meinen eigenen Jungen denke. Bist du sicher, dass es nichts gibt, was du mir sanft sagen willst? Ich kenne dein gütiges Herz – nicht, um mir Angst zu machen?"

„Ich möchte Ihnen etwas erzählen – über mich selbst, Lady Curtis."

"Ah!" sie weinte erleichtert; und dann mit einer spürbaren Leichtigkeit und Ruhe der Gleichgültigkeit: „Über dich selbst? Ich hoffe, es ist etwas sehr Gutes, sehr Entzückendes, etwas, das Ihren Ansprüchen gerecht wird. Es gibt nichts, worüber ich mich so freuen könnte."

„So etwas für den Anfang", sagte er und erzählte ihr von den Vorteilen, die sich für ihn ergeben hatten; seine Ernennung zur Kommission und sein erster wichtiger Auftrag. Lady Curtis war begeistert, wie sie es versprochen hatte. Sie stürzte sich mit Begeisterung in die Diskussion seiner Aussichten.

„Ich bin über alles so froh, wie ich nur sein könnte, außer über Glück für Arthur", sagte sie. „Mein lieber Lewis, du warst so gut zu uns allen! Du kommst als Nächster. Und jetzt liegt die ganze Welt vor dir und alles, was gut ist. Gott sei Dank dafür! obwohl ich nie Zweifel an diesem Thema hatte", sagte sie und lächelte ihn unter Tränen der Freude an, während sie beide Hände hielt.

Wie erfreulich war das! Mitgefühl könnte nicht herzlicher, herzlicher, liebevoller sein. Es erwärmte sein Herz und trieb ihm Tränen in die Augen.

„Ja", sagte er, „es ist der Anfang, ich glaube und hoffe –." Es ist die Öffnung der Tür. Meine Karriere sollte jetzt klar sein, wenn ich den Mut und das Herz habe, weiterzumachen."

„Du, Mut und Herz!" Sie sagte: „Natürlich wirst du beides haben, Lewis. Du bist nicht der Typ Mann, der scheitert. Ich habe keinen Moment etwas anderes erwartet. Natürlich bekommen Männer nicht immer das, was sie verdienen; aber du – du bist nicht der Mut, der versagt."

„Aber angenommen, das und dass ich Erfolg habe, wozu soll das führen, Lady Curtis?" fragte er halb traurig; denn es war ihm klar, dass sie noch nicht

einmal den leisesten Schimmer einer Vorstellung davon hatte, was er fragen
würde.

"Führen zu?" Sie sagte; „die Bank natürlich und vielleicht der Wollsack; Du
sprichst so wenig über dich selbst, dass ich kaum weiß, welche Ambitionen
du hast, Lewis, und ob du dich überhaupt für Politik interessierst; Natürlich
ist das der schönere Beruf der beiden – wenn man es denn will.“

„Das ist dann alles, was Sie mir geben“, sagte er, „meine Wahl zwischen zwei
Würden? Ich sage nicht, dass sie nicht beide große Ziele des Ehrgeizes sind;
Aber gibt es nichts Süßeres, nichts Lieberes, Mylady? Sie sind sehr freundlich
zu mir – freundlicher, als ich erwarten durfte; aber wünscht du mir in deinem
gütigen Herzen nichts mehr als den Wollsack und die Bank?“

Sie sah ihn an und stockte ein wenig. Jetzt begann sie zu verstehen, was er
meinte.

„Was kann ich noch mehr sagen?“ Sie sagte: „Ja, alles, Lewis. Ich wünsche
euch alles – was ihr euch wünschen könnt.“

„Der Wunsch meines Herzens“, sagte er und erhob sich aufgeregt von
seinem Platz; „Das ist der Wunsch in den Psalmen, und es gibt keinen, der
so weit geht oder so süß ist. Meine Dame, Sie kennen mich fast schon seit
ich in der Lage war, einen Wunsch zu äußern. Weißt du nicht, was es ist –
der Wunsch meines Herzens?“

„Lewis – Lewis!“ sie weinte hastig; dann aufgehört. War sie im Begriff
gewesen, ihn zu warnen, nichts mehr zu sagen, um ihn daran zu hindern,
seine Wünsche zu offenbaren? aber wenn dem so war, überlegte sie es sich
anders und blickte ihn gespannt, erschrocken und händeringend an.

„Du weißt, was es ist“, sagte er lächelnd und drehte sich zu ihr um. „Ich muss
es nicht sagen, oder? Wenn ich Lucy nicht haben kann, was ist mir dann alles
andere wert? Ich weiß, dass ich ihr von Geburt an nicht ebenbürtig bin, falls
Sie immer noch denken, dass das wichtiger ist als alles andere. Aber tut es
das, nicht wahr? Niemand sonst kann so lange und ständig an sie gedacht
haben wie ich. Ich kenne alle ihre Geschmäcker, ihre Art. Was sie mag, gefällt
mir – und ihr Bruder, wissen Sie, Lady Curtis – ist alles, was ich an einem
Bruder kannte.“

„Ich weiß, ich weiß“, sagte sie und die Tränen in ihren Augen waren jetzt
keine Freudentränen. Sie schüttelte den Kopf, während sie ihn mit
mütterlicher Zärtlichkeit durch ihre feuchten Wimpern ansah. „Und du warst
der beste Bruder für ihn, der freundlichste!“ Sie weinte. "Ach!" aber trotz
allem schüttelte sie den Kopf.

„Ich hatte in dieser Hinsicht nicht vor, irgendeinen Anspruch geltend zu
machen“, sagte er schnell; „sondern weil zwischen uns diese ständige

Zuneigung bestand und ich nie an eine andere Frau gedacht habe. An der Seite von Lucy war mir der Rest der Welt nichts wert. Ich habe an niemanden außer an sie gedacht. Und ist das alles nichts, meine Dame, schlimmer als nichts, weil mein Großvater ein Handwerker war? Es kommt mir schwer vor, finden Sie es nicht auch schwer, schwer zu ertragen?"

„Lewis, du weißt, dass das nicht überall so ist", rief sie. „Es gibt Herren in England – die besten im Land, die Ihnen, Lewis Durant, Ihre Tochter schenken würden, so gut Sie auch sein mögen, der treueste Gentleman, und sich über ihr Glück freuen würden!" Sie hielt inne, ihre Stimme wurde leiser und sie schüttelte noch einmal den Kopf. „Aber Sir John –"

„Wenn ich Ihre Hilfe habe, meine Dame, werde ich keine Angst vor Sir John haben", sagte er, „er ist nicht wie Sie; aber er ist gut im Grunde seines Herzens, gut durch und durch."

„Lewis!" rief meine Dame mit plötzlicher Ergriffenheit, „wollen Sie, dass ich sowohl in Sie als auch in Lucy verliebt bin?" So ist er, mein lieber Junge; So ist er, mein lieber voreingenommener, engstirniger alter Mann! er versteht nicht immer – aber er ist gut, wie Sie sagen, ganz gut, und keine Arglist ist in ihm. Aber was hat das denn damit zu tun, mein armer Junge?" fügte sie hinzu, verlor ihre Begeisterung und schüttelte noch einmal den Kopf. „Er mag dich auch, und das spielt auch keine Rolle; Du wirst ihn nie dazu bringen, es zu sehen, niemals! Ich kenne ihn besser als du."

„Wenn Sie auf meiner Seite sind, wird er kommen, um es zu sehen", sagte Durant. Sie gab ihm keine direkte Antwort, sondern eilte weiter.

„Und das umso mehr, seit wir diese Enttäuschung mit Arthur erlebt haben. Wenn Arthur so glücklich geheiratet hätte, wie wir es wollten – wie es der junge Seymour getan hat –, wären die Dinge vielleicht anders gelaufen. Aber jetzt, wo Arthur solchen Schiffbruch erlitten hat, ist nur noch Lucy für uns übrig. Er lässt sie nicht mit jemandem sprechen, den er für minderwertig hält. Selbst seinem Neffen Bertie hat er das Haus fast verschlossen; er würde es sogar vorziehen, wenn sie überhaupt nicht heiraten würde."

„Das alles wird mich nicht beunruhigen", sagte er und ließ sie nicht aus den Augen, „wenn du auf meiner Seite bist."

"Denken!" sagte sie, ohne darauf zu achten; „Denken Sie daran, wie schlimm es für uns im Landkreis ist. Arthur wurde auf ein – schlimmeres als niemanden – geworfen: ein törichtes Mädchen, das nicht einmal den Verstand hat, ihn festzuhalten und glücklich zu machen – unseren einzigen Sohn! und Lucy, unsere einzige Tochter, wenn sie auch …"

„Heirate einen Niemand!" sagte er mit einem Lächeln, dem er eine gewisse Bitterkeit nicht entziehen konnte. „Ah, Lady Curtis! Das war es, was ich befürchtet habe – du bist nicht auf meiner Seite."

„Lewis, denk nur nach!" Sie sagte; „Versetzen Sie sich in meine Lage! Ich war so stolz auf meine Kinder; Vielleicht war es dumm, der Himmel weiß, dass man immer dafür leidet; aber wenn keiner von ihnen – keiner von ihnen! ist – irgendeinen *Erfolg in der Ehe* zu haben , eine brillante Verbindung herzustellen. Ja, ja", sagte sie, „es ist verachtenswert, ich weiß es, Sie haben ein Recht, mich zu verachten; aber, Lewis, versetzen Sie sich in meine Lage."

„Das tue ich", sagte er; „Und wenn ich könnte, würde ich Lucy einem Niemand so sehr gönnen wie dir; Aber ist es mein ganzes Glück, das zu tun, Mylady? Ich wage nicht, von ihrem Glück zu sprechen", sagte er stockend, „wenn ich hoffen könnte, dass es um ihr Glück geht, welche zweitrangige Überlegung in der Welt könnte man daneben stellen?"

Lady Curtis schüttelte den Kopf. Sie faltete und öffnete ihre Hände mit der Nervosität der Aufregung.

„Es fällt dir leicht, das zu sagen", rief sie, „sehr leicht für dich in deinem Stadium; Aber Glück ist nicht alles – Glück ist nicht alles, worauf ich achten muss", und während sie sprach, schoss Lady Curtis die Erkenntnis durch den Kopf, dass es an der Zeit war, ihre Tochter Mrs. Durant nennen zu hören und sich die besorgten Erklärungen anzuhören der Gesellschaft, wie alt der Sattler Durant war, war nicht ihr Vater, sondern ihr Schwiegergroßvater. Wie konnte sie es ertragen, wie konnte sie es ertragen? Sie, die in ihrer Fantasie gesehen hatte, wie ihre hübsche Tochter von allen Bewunderern bewundert wurde, auf dem Höhepunkt ihrer Pracht und Mode und mit einem besseren Titel als dem ihrer Mutter. Nein nein Nein; es war nicht zu tolerieren. Sie konnte es niemals zulassen! welche Verräter auch immer in ihrer Brust für Lewis und seine Rechte kämpfen mochten.

„So ist es dann", sagte er traurig, „Sie sind es, mein Freund, meine gütigste Gönnerin und Führerin, Sie, die mir die Hilfe gewesen sind, die nur solche wie Sie sein könnten – die mich ablehnen, *meine* Dame. " ? Warum sollte ich Sie als *meine Dame* bezeichnen – oder überhaupt einen so vertrauten Begriff verwenden?"

„Lewis, sei nicht grausam zu mir", rief sie.

„Ich bin nicht grausam. Es ist nur so, dass Sie und nicht Sir John mich ablehnen", sagte er.

Lucy wurde nicht mitgeteilt, wie dieses Interview ablief; Sie wusste weder, wie es aussehen würde, noch wie weit Durant gehen würde; und nach der ersten halben Stunde unterdrückter Aufregung und Aufregung erwachte ihr

Stolz gegen den Gedanken, hier auf Neuigkeiten zu warten, die ihr zugesandt werden könnten. Sie würde es nicht tun. Sie ging raus, lief hinter dem Haus entlang, um nicht vom Fenster ihrer Mutter gesehen zu werden, und machte sich auf den Weg, um eine kranke Familie im Park zu besuchen, die einem der Wildhüter gehörte. Das würde sie beschäftigen und sie daran hindern, über alles nachzudenken, was Lewis Lady Curtis sagen könnte und was meine Lady antworten könnte. Aber man kann sich vorstellen, wie beschäftigt ihr Geist mit tausend Gedanken war, als sie durch den feuchten Park marschierte, auf dem der Raureif vor nicht allzu langer Zeit geschmolzen war. Es machte sie nass, aber das war ihr egal. Sie kam nicht zurück, und das geschah mit Absicht, bis die Glocke zum Mittagessen läutete. Sie sah, wie ihre Mutter und Durant beide besorgt die Allee hinunterblickten, als sie durch den Hintereingang eintrat, nachdem sie das Haus verlassen hatte. „Meine Dame will Sie, Miss Lucy", sagten ihr alle Dienstmädchen nacheinander; aber Lucys Stolz ließ sich nicht so leicht überwinden. Sie ging nach oben und zog mit der Gelassenheit einer Stoikerin ihre nassen Schuhe und Outdoor-Umhänge aus. Sie ging erst wieder hinunter, als der Ruf der Glocke nicht länger zu vernachlässigen war, denn Sir John war kein Mann, den man warten ließ. Als sie die Treppe hinunterkam, ihre Hautfarbe etwas heller als sonst und ihre Miene vielleicht gerade in der Betonung der Gleichgültigkeit bewusst, fand sie die Gesellschaft bereits versammelt vor, ihren Vater aus seiner Bibliothek und ihre Mutter aus dem Morgenzimmer, wo sie war den ganzen Morgen mit ihrem Gast zusammen gewesen. Diese beiden warfen ihr besorgte Blicke zu, sowohl der eine als auch der andere. Sie war sich sicher, dass sie zu einem gewissen Verständnis gekommen sein mussten, als sie ihren Stolz und das Gefühl der Verletzung, das sie empfand, weil sie nicht wusste, was geschehen war, unter Kontrolle brachte und sich an den Tisch setzte. Warum wusste sie es nicht, warum war sie nicht die erste Person, die in Betracht gezogen wurde? Natürlich war es ihre eigene Schuld. Sie war weggegangen, hatte sich vor ihnen versteckt, ihre Rüstung des Stolzes angelegt und so getan, als wüsste sie es nicht, und es kümmerte sie auch nicht. Aber es war selbst für Lucy in diesem Zustand merkwürdig, und für einen ruhigeren Zuschauer wäre es noch merkwürdiger gewesen, Sir John inmitten einer so aufgeregten Gesellschaft in ungebrochener Ruhe seinen Platz einnehmen zu sehen. Sir John wusste nichts von dem, was vorgefallen war, von Durants anmaßenden Hoffnungen, noch davon, wie sehr er damit beschäftigt gewesen war, Lady Curtis auf seine Seite zu ziehen. Er war erfüllt von etwas, das ihm selbst widerfahren war, einem kleinen Abenteuer, das ihn völlig aus seiner gewohnten Ruhe gerissen hatte. Er erzählte ihnen die ganze Geschichte, während sie beim Essen saßen, was für die anderen kaum mehr als ein Vorwand war. Während er sein Schnitzel aß, erzählte er ihnen weiter und erzählte ihnen, wie er losgefahren sei, um sich den Zustand der Plantagen anzusehen, von denen Rolt gesprochen hatte, und wie er, als sie sich einem besonderen Ort näherten, den Stallknecht wegschickte, um sich nach einigen zu erkundigen Änderungen an den Umschlägen, die er nicht genehmigt hatte.

„Und als ich Fox's Hollow erreichte", sagte Sir John, „fand ich das Tor geschlossen vor, von dem Short mir versichert hatte, dass es immer offen war. Ich fuhr das schwarze Hengstfohlen, Lucy; Sie wissen, dass das Tier ein unruhiges und sehr frisches Wesen ist. Ich weiß nicht, wann er schon einmal im Geschirr war. Ich erinnere mich an die Zeit, als es mich nicht viel gekostet hätte, herunterzuspringen und das Tor zu öffnen, zu schnell, um einem Pferd den Kopf zu geben, aber das ist jetzt vorbei. Ich überlegte, was ich mit solch einem hitzigen Kerl anfangen sollte, und war ein wenig zweifelhaft, ob ich es wagen würde, nach unten zu kommen – eine langsame Angelegenheit, Durant, wie Sie wissen werden, wenn Sie in meine Jahre gekommen sind; und da ich dachte, dass Diskretion der größte Teil der Tapferkeit sei, wer sollte sich plötzlich aus den Büschen erheben, aber – nein, kein Fasan, kein Vogel – sondern eine schöne junge Dame. Vielleicht öffnen Sie Ihre Augen – ein junges Geschöpf wie eine Prinzessin in einem seltsamen schwarzen Kleid. Ich habe sie noch nie zuvor gesehen. Sie öffnete mir das Tor, machte einen Knicks und lächelte mich an. Ich kann Ihnen sagen, meine Dame, es hat in mir ein solches Gefühl ausgelöst, wie ich es noch nicht lange genug gespürt habe. Natürlich dankte ich ihr – natürlich sagte ich alles aus Dankbarkeit, aus Bedauern, sie beunruhigt zu haben, und aus Entschuldigung, dass ich ein alter Mann sei. Aber das Wunder ist, dass ich sie nicht kannte! Ein absolut bezauberndes Geschöpf! Könnte es die Frau des jungen Seymour sein oder wer könnte es sein? Bei meiner Ehre, auch wenn es so seltsam klingt, ich habe sie noch nie zuvor gesehen!"

„Dann hast *du* sie also auch gesehen?" rief Lady Curtis. „Nun, Lucy, du merkst, dass dein Papa meiner Meinung ist –"

„Wer ist diese mysteriöse Prinzessin?" sagte Durant. Er freute sich ebenso wie meine Dame über etwas, das die schmerzhafte Aufregung beschäftigter Gedanken linderte.

„Ich weiß nicht, wer sie ist, aber sie ist eine sehr charmante Person", sagte Sir John und nahm sich ein weiteres Schnitzel. „Man könnte meinen, ihr hättet alle heimlich zu Mittag gegessen, während ich mein Abenteuer erlebte. Durant, du isst nichts. Wenn Sie diese Vision gesehen hätten, hätten wir unsere eigenen Schlussfolgerungen ziehen sollen; Aber es hat mir den Appetit nicht genommen", sagte der alte Mann mit einem Lächeln. „Wenn es die Frau des jungen Seymour war, dann ist der junge Seymour ein glücklicher Kerl. Ich kann mir nicht anders vorstellen, wer sie sein könnte."

KAPITEL IX.

N ANCY war von dem Abenteuer des Morgens nicht weniger bewegt als Sir John. Sie hatte sich viel weiter als sonst verirrt und war allein im Park spazieren gegangen, während Matilda mit ihrem Outfit beschäftigt war. Das Tor befand sich in der Nähe eines Waldstückes, wo die Bäume in all ihren prächtigsten Herbsttönen bemalt waren; und seit Lady Curtis ihre schlichte Blättergirlande bewundert hatte, war ihre Begeisterung dafür gestiegen. Sie war in vollkommen gutem Glauben hierhergekommen, um andere zu finden, die sie nachahmen konnte und die der Dame gefallen könnten, die so freundlich gewesen war und der es so wichtig war, zu gefallen, obwohl nur sie selbst das wusste. Der Morgen war schön, obwohl das Gras nass war, und Nancy saß müde vom Spaziergang und ruhte sich auf einem umgestürzten Baum aus. Ihr Herz hatte einen kleinen Sprung gemacht, als sie Sir John auf sich zukommen sah. Es war alles, was er tun konnte, um mit dem übermütigen jungen Pferd klarzukommen. Sie kannte ihn vom Sehen her gut genug und fürchtete sich vor ihm nicht so sehr wie vor den Damen; Ihr Geheimnis war vor ihm sicher. Es kam ihr nicht einmal in den Sinn, was vielleicht der Fall gewesen wäre, dass die Versöhnung mit Arthurs Vater etwas für sie sein würde, so dass sich alles ganz natürlich, ohne Motiv oder künstlichen Anreiz, abspielte. Es war in der Tat der natürlichste Impuls, der sie bewegte, sobald sie seinen zweifelnden Blick auf das Tor sah, hastig aufzustehen und es zu öffnen. Aller Wahrscheinlichkeit nach hätte sie für Lady Curtis nicht nachgegeben. Der Verdacht und die Angst in ihrem Herzen hätten ihr gezeigt, dass die Bereitschaft, ein solches Amt zu übernehmen, falsch ausgelegt werden könnte; aber sie gehorchte ihrem Impuls gegenüber Sir John mit der spontansten Bereitschaft. Es gefiel ihr, ihm den freundlichen Dienst zu erweisen, den junge Menschen den Alten stets erweisen. Sie blickte auf, lächelte ihn an und sagte: „Gerne geschehen", während er sich in Dankbarkeit erschöpfte. Und es machte Nancy nicht weniger liebenswürdig oder weniger schön, dass sie die bewundernde Verwunderung des alten Herrn und seine offensichtliche Sorge, herauszufinden, wer sie war, sah. In Sir Johns Alter braucht ein Mann seine väterliche Bewunderung für ein schönes Gesicht nicht zu verbergen. Er sah sie mit unbedecktem weißen Kopf an, mit Freude, Freundlichkeit und Überraschung in den Augen und überschwänglichen Danksagungen und Entschuldigungen.

„Ich bin froh, dass ich hier war, um das zu tun", sagte Nancy und spürte das entsprechende Gefühl der Freundlichkeit in sich, das die Seele guter Manieren ausmacht. Er fand sie ebenso anmutig, ebenso elegant und anmutig wie schön; und ein Gefühl der Befriedigung überkam sie, das ihr Herz erwärmte und es milderte. Arthurs Vater! Sie hatte nicht halb so viel von ihm gehört wie von My Lady und Lucy. Sie hatte keine Angst vor ihm, und ihm zu dienen bereitete ihr ein Gefühl unschuldiger und echter Freude, was Nancy dazu brachte, dem alten Mann gegenüber Zuneigung zu empfinden. Als er wegfuhr, schaute er zu ihr zurück, winkte mit der Hand und lächelte; und sie schaute ihm mit freundlichen Augen nach. Von diesem Moment an waren sie Freunde. Die Freundlichkeit von Lady Curtis hatte ihr das Herz gebrochen; Aber die Begegnung mit Sir John machte Nancy glücklich, gab ihr das Gefühl, anerkannt, geschmeichelt und in ihrer eigenen Meinung erzogen zu werden. Und wenn so viele Dinge geschehen sind, die einen in seiner eigenen Meinung erniedrigen, könnte es dann etwas Dankbareres geben als dies? Sie ging geistig und körperlich begeistert nach Hause, nicht mehr träge oder müde, und überraschte Matilda mit der Nachricht, dass sie Sir John getroffen und Bekanntschaft mit ihm gemacht hatte. „Ich denke, er ist der netteste von allen", sagte Nancy, „alt." Die Herren sind so nett; Sie machen einem keine Angst wie Damen."

„Oh, ich mache dir Angst!" rief Matilda, „wie konnte Ihre Ladyschaft Sie erschrecken – die freundlichste Dame! Aber dass Ihr schlechtes Gewissen immer sagen muss: Was würde sie sagen, wenn sie es wüsste? Wirst du deine Zeit wieder mit diesem Müll verschwenden, Nancy, der den ganzen Boden verunreinigt? Warum kannst du nicht mit deiner schönen Zeichnung weitermachen? Das hat sich gelohnt – ich dachte darüber nach, mir gleich nach der Fertigstellung einen Rahmen dafür zu besorgen."

„Sie können das Original einrahmen; „Es muss besser sein als mein Exemplar", sagte Nancy und ordnete ihre Blätter. Matilda blickte sie mit einer kaum zu zügelnden Ungeduld an; aber sie erinnerte sich, dass Ihre Ladyschaft den Unsinn zur Kenntnis genommen hatte, und zuckte mit den Schultern über die seltsamen Fantasien der Herren. Nancy war genauso wie sie. Sie hätte selbst in diesem Rang geboren sein können, sie hegte solche Fantasien. Während sie mit dem Säumen fortfuhr, war Matilda dankbar, dass *sie noch nie mit einem solchen Unsinn beschäftigt gewesen war* . Aber es gefiel ihr sehr, alle Einzelheiten des Interviews zu erfahren, und sie hätte den ganzen Tag gestickt und zugehört, wenn ihre Schwester ihr nicht später am Nachmittag befohlen hätte, ihren Hut zu holen und herauszukommen, um den Sonnenuntergang zu sehen. „Oh, der Sonnenuntergang! viel Gutes, das mir nützen wird; und noch nicht die Hälfte meiner Hemden fertig", murmelte Matilda vor sich hin, aber sie gehorchte Nancy, die es tatsächlich nicht mochte, ungehorsam zu werden. Sie machten den üblichen Spaziergang durch das Dorf hinunter zu den Toren von Hall und über den Zauntritt auf der linken Seite, den gleichen Zaunübertritt, über den sie am ersten Tag gekommen waren, als sie Lucy trafen. Seitdem hatte sie immer die Aufregung gehabt, eine mögliche Begegnung zu erwarten, und als ihr diese Idee kam, schwoll Matildas Busen vor natürlicher Freude an, als sie daran dachte, wie weit sie ins gehobene Leben gelangt waren. Sir John und Ihre Ladyschaft waren sozusagen zu ihrem täglichen Brot geworden. Wenn der liebe Vater es nur gewusst hätte!

Ein Sonnenuntergang ist zweifellos eine schöne Sache; aber wenn man darüber nachdenkt, ist es schließlich kein großer Anblick, etwas, das fast jeden Tag passiert und niemanden einen Penny kostet; Eine Sache, die der ärmste Landstreicher genauso genießen kann wie Sie. Wenn man bedenkt, wie viele Menschen so etwas immer wieder anstarren und dabei so aussehen, als könnten sie nie genug davon haben! Matilda war schlauer; sie sah es auf den ersten Blick und brauchte nicht noch einmal hinzusehen; und tatsächlich war es sehr schwer, nicht zu glauben, dass es von Nancys Seite affektiert war, es so lange anzuschauen. Matilda sah sich um. Es gab nicht viel zu sehen, aber es ist erstaunlich, wie viel man sehen kann, wenn man bei Verstand ist. Die Stelle, an der Nancy und ihre Schwester standen, lag ganz in der Nähe der Allee, und als Matilda mit unbeschäftigtem Geist und Augen nach etwas Ausschau hielt, das sie unterhalten könnte, bemerkte sie plötzlich zwei Menschen, die in einer Art auf und ab gingen, die man so nennen könnte das Seitenschiff der Allee, im Schatten der Bäume, die noch reich an Herbstlaub waren. Dies „erregte sofort ihre Aufmerksamkeit"; Denn wer könnte es anders sein als ein Liebespaar, das im intimen Verkehr auf und ab wandert? Und was gibt es im Himmel oder auf Erden, das für eine junge Frau attraktiver ist als ein Liebespaar? Dieser Anblick weckte Matilda aus der Gleichgültigkeit, in die der Sonnenuntergang sie gestürzt hatte. Sie spähte mit größtem Interesse und Mitgefühl durch die Büsche, wollte nicht die Rolle einer Lauscherin spielen – und dafür war sie tatsächlich zu weit weg –, sondern tat mit der reinsten wohlwollenden Rücksicht, was man von ihr erwarten würde. Hätte eine unangenehme Unterbrechung des Gesprächs gedroht, wäre Matilda nur zu gerne als Kundschafterin aufgetreten und hätte Alarm geschlagen; und bald wurde eine Tatsache offensichtlich, die ihr Interesse enorm steigerte und es sogar in Aufregung verwandelte: Sie erkannte, dass die Dame keine andere als Miss Curtis war. Hier war eine überraschende Entdeckung! Sie machte sich ein kleines Guckloch durch die Zweige eines knorrigen Weißdorns, der ihr in die Finger stach, als sie die Zweige trennte. Wer war der Herr? Matilda fand sein Aussehen seltsam vertraut. Es war nicht der Rektor, von dem es im Dorf hieß, er würde Fräulein Lucy heiraten. Wer war es? Matilda blickte lange hin, dann zuckte sie zusammen, was sie fast mitten in die Dornenstacheln stürzte. Das war in der Tat etwas Interessanteres als eine so billige Ausstellung wie ein Sonnenuntergang. Nach einem Moment kam sie und zupfte am Arm ihrer Schwester.

„Nancy, Nancy! Schau hier. Ich möchte, dass du dir etwas ansiehst."

"Was ist es?" sagte Nancy träge.

Sie saß am Ufer, obwohl es feucht war, die Hände im Schoß gefaltet, und ihr Gesicht war von dem goldenen Licht erleuchtet, das jeden Augenblick tiefer und tiefer sank. Es hatte Nancys Seele mit Gedanken erfüllt. Sie fragte sich, was aus all dem werden würde, halb hoffnungsvoll, halb trostlos; Ich fragte mich, ob Arthur und sie sich wiedersehen würden, ob sie jemals wieder zusammenleben würden, ob sich ihr Leben in ein so schönes Leben verwandeln würde wie sie, diese Menschen in dem großen Haus; oder wenn es langweilig in der Hütte verbracht werden sollte, dunkel und vor allen Blicken verborgen. Der Sonnenuntergang erfüllte ihre Augen und glitzerte im Tau, der sie erfüllte, und unmerklich, als dieser Tau aufstieg, stiegen die Gedanken in ihr Herz auf.

„Nancy, Nancy!" sagte Matilda, „oh, schau her – oh, bitte komm und schau hier! Sie ist es, so klar wie das Tageslicht; und ich glaube, dass *er es ist*."

"Ihn!" Nancy begann zu zittern und stand auf, kam aber nicht weiter. „Was sagst du – wen meinst du mit ihm?"

„Wirst du herkommen und nachschauen?" rief Matilda. "Kommen! Ich sage Ihnen, es ist Miss Lucy, so sicher ich es bin; mit ihrem jungen Mann."

„Wie kannst du es wagen, so zu sprechen!" rief Nancy und errötete purpurn, „von jedem von ihnen!"

Von Lucys jungem Mann zu sprechen kam ihr wie eine Blasphemie vor. Natürlich wurde sie eine Puristin in Sachen Sprache, als sie lernte, was schöne Sprache bedeutet. Sie war viel schockierter, als Lucy es gewesen wäre.

„Nun", sagte Matilda energisch, „er ist ihr junger Mann." Was ist daran falsch? Sie sind diese Stunde oder länger auf und ab gegangen wie zwei junge Leute, die Gesellschaft leisten, während Sie den Himmel beobachtet haben (natürlich hat sie die Zeit übertrieben), und daran ist, soweit ich weiß, nichts im Geringsten falsch. Du hast selbst dasselbe getan – und ich würde es auch tun, wenn es mir in die Quere gekommen wäre", sagte die ehrliche Matilda. Dann jedoch sank ihre Stimme und sie nahm ihre Schwester am Arm. „Das ist nicht die Hälfte", sagte sie, „Nancy, Liebes! und das Wichtigste kommt noch. Erinnern Sie sich an Durant, der mit Arthur nach Underhayes kam? Sie müssen sich an Durant erinnern – den, für den Sarah Jane so eine Vorliebe hatte."

„Ich erinnere mich an Mr. Durant", sagte die anspruchsvolle Nancy. „Ich weiß nicht, warum *du* so vertraulich von ihm reden solltest."

„Oh, ich habe Schluss mit deinem guten Gerede und deinem Unsinn!" rief Matilda. „Schau her, er ist *da*, Nancy! Ich sage Ihnen, er ist ganz in der Nähe und macht Miss Lucy den Hof. Sie können kommen und selbst nachsehen, wenn Sie mir nicht vertrauen."

Nancy kam langsam, halb gezwungen von der eifrigen Matilda, dachte aber bereits darüber nach, welche Mittel notwendig wären, um dieser plötzlichen Wendung der Dinge zu entgehen. Durant! (Sie erlaubte sich, den Herrn in ihren Gedanken zu vergessen.) Er würde sie herausfinden, das wusste sie, noch bevor viele Stunden vergangen waren. Sie konnte ihr Geheimnis nicht vor ihm verbergen; er würde sie finden und an Arthur schreiben und alles verändern oder zerstören. Was sollte sie tun? In ihr entstand ein großer Konflikt. Sie hatte genug von diesem Zustand, und wenn Durant eingreifen würde, um ihn zu beenden, gäbe es dann so viel zu bereuen? Arthur würde nach Hause kommen, er würde zu ihr kommen, und es würde eine Versöhnung geben, und alles würde gut werden. Aber andererseits musste sie mit einem ekelerregenden Gefühl im Herzen zugeben, dass Arthur schon seit einiger Zeit wusste, „was passiert war", und dass er nicht zu ihr nach Hause geeilt war. Und die Vorstellung, dass Durant ihm schreiben und ihn aus Pflichtgefühl holen könnte, ließ ihr das ganze Blut durch die Adern fließen. Niemals! niemals! Sie würde zuerst sterben. Abgesehen davon, wie viel angenehmer wäre es, alles selbst zu regeln und es der Vorsehung zu überlassen, als dass Durant auf jeden Fall eingreifen sollte. All diese Gedanken schossen ihr auf einmal durch den Kopf, stürmisch, überwältigend und überwältigend andere wie Wolken vor dem Wind, als sie das halbe Dutzend Schritte machte, die notwendig waren, um zu Matildas Sichtpunkt zu gelangen und zu überprüfen, was Matilda gesehen hatte. Eine Bestätigung gegenüber Nancy war jedoch nicht erforderlich. Sie war sich vom ersten Moment an sicher gewesen, dass es wahr war. Es war genau das, was am wahrscheinlichsten passieren würde. Als sie jedoch durch die Dornenzweige blickte, erwachte ein Mitgefühl, wie sie es bei Lucy noch kaum gespürt hatte. Lucy hatte sich in letzter Zeit in Sir John und Ihrer Ladyschaft verloren; und als sie besonders an sie gedacht hatte, geschah dies eher mit eifersüchtiger Angst als mit Mitgefühl. Jetzt beobachtete sie sie mit einer merkwürdigen Mischung aus Interesse und Widerstand. Nancy kam es falsch vor, dass Miss Curtis ohne Wissen ihres Vaters und ihrer Mutter mit einem jungen Mann hier sein sollte; und Durant, Durant, der wie jeder einfache Mann seinen Lebensunterhalt verdienen musste! Sie erinnerte sich sehr gut daran, was Arthur ihr über ihn erzählt hatte. Es war klar, dass er Lucy nicht gewachsen sein konnte; Es war nicht richtig, es war nicht *nett* von Lucy. Die Stirn von Mrs. Arthur zog sich zusammen. Sie mochte es nicht, wenn jemand in der Familie, mit der sie verbunden war, unterging. Sie hielt sie alle gern für wirklich großartige Menschen, die weit über der Notwendigkeit, für ihren Lebensunterhalt zu arbeiten, standen, die Durant auf das normale Niveau eines Menschen herabwürdigte. Das alles war jedoch nebenbei; und das Erste, worüber sie nachdenken musste, war, was sie selbst in dieser neuen Notlage tun würde. Sie endete schließlich hastig, als das Liebespaar (da es nichts anderes sein konnte) seine Gesichter der Halle zuwandte. Nancy ergriff den Arm ihrer Schwester und eilte, ohne etwas zu sagen, hastig zum Zaunübertritt. Sie kamen darüber hinweg und verließen die Tore, während die anderen noch immer den Rücken gekehrt hatten; und dann wagten die beiden jungen Frauen für einen Moment, Luft zu holen und sich sicher zu fühlen.

„Sie gingen hinauf zum Haus", sagte Nancy; „Wir müssen uns nicht beeilen." Aber sie warf hinter sich alarmierte Blicke zu und ging schnell zurück zur Hütte. Wie es das Unglück wollte, trafen sie den Rektor, der wie immer innehielt und sie weiter unterhielt. Als er darauf bestanden hatte, sich ihnen eine Minute lang in den Weg zu stellen, geriet Nancy in Verzweiflung. Sie hatte das Gefühl, dass er auf jeden Fall losgeworden werden musste.

„Wir haben Miss Curtis gerade auf der Avenue getroffen", sagte sie. „Sie hatte einen Herrn bei sich. Wissen Sie, ob ein Herr namens Durant oder so ähnlich in der Halle zu Besuch ist?"

„Oh, Durant ist da, oder?" sagte der Rektor mit einem genervten Blick. "Ja ich kenne ihn. Er war damals sehr intim; aber ich hatte gehofft, dass er in letzter Zeit nicht so sehr dafür gewesen wäre. Ich sage ehrlich: „Ich hoffe", denn ich mag ihn nicht. Er ist ein Niemand, ein – vielleicht haben Sie ihn kennengelernt, Mrs. Arthur. Er ist irgendwie in eine sehr gute Gesellschaft geraten; aber er ist niemand."

„Ich glaube, ich habe ihn irgendwo gesehen; aber Sie werden ihn jetzt in der Allee bei Miss Curtis finden; und wir müssen uns beeilen", sagte sie und nickte und lächelte, während sie fortfuhr. Sie mochte Durant viel mehr als Bertie; aber ihrem gegenwärtigen Dilemma zu entkommen war wichtiger als beides. „Nun, Matilda, beeil dich; Lass uns nach Hause gehen", sagte sie. Sie hatte den Rektor nicht ohne ein gewisses boshaftes Vergnügen „auf die Jagd nach ihnen" geschickt. Sie hatte sich aus der unmittelbaren Gefahr befreit, in der sie lag. Er würde reden, und sie wären verpflichtet, zuzuhören, wie es sonst auch Nancy getan hätte; und mit einem weiteren besorgten Blick nach hinten raste sie die Straße entlang. Aber es war ein unglücklicher Tag. Auf der Dorfstraße trafen sie Frau Rolt, die ebenfalls tausend Dinge zu sagen hatte. Sie eilte mit einem Budget voller Neuigkeiten über die Straße, lachte und scherzte und gratulierte dem jungen Fremden dazu, dass er bei Sir John einen solchen Eindruck hinterlassen hatte. Mrs. Rolt erzählte Nancy, dass sie unmittelbar nach dem Mittagessen im Saal gewesen sei und dass Sir John über nichts anderes reden würde.

„Und er ist ein sehr guter Freund, ein treuer Freund, auch wenn er nicht sehr demonstrativ ist", sagte Cousine Julia; „Aber in der Tat, mein Lieber, er war ziemlich demonstrativ gegenüber dir und hat die ganze Zeit über dich gesprochen. Mr. Durant war da", fügte sie vertraulich hinzu, „und ich glaube nicht, dass er Mr. Durant unbedingt wollte. Du weißt, dass zwischen ihm und

Lucy immer eine Freundlichkeit herrschte; aber für Lucy käme das überhaupt nicht in Frage, besonders seit der unglücklichen Ehe ihres Bruders."

„Was hat die Ehe ihres Bruders damit zu tun?" rief Nancy und vergaß bei diesem unerwarteten Angriff sogar ihre Ängste.

„Oh mein Lieber, weißt du nicht, was für eine schreckliche Sache das für die Familie ist? Es hat Arthurs Leben ruiniert, der arme Kerl. Woher sollen die Erben kommen?" Cousine Julia weinte erbärmlich. „So schlimm sie auch sein mag, es wäre nicht ganz so schlimm, wissen Sie, wenn es irgendwelche Erben gäbe; aber die Nachfolge, meine Liebe! Lucy muss heiraten, und sie muss gut heiraten, oder was soll aus der Familie werden?" sagte Frau Rolt entschieden. „Auch sie wird für ihren Bruder leiden müssen. Die Unschuldigen sind immer mit den Schuldigen verbunden; und wenn einmal etwas Falsches getan wurde, weiß man nie, wo es enden wird."

Nancy war rot geworden vor Scham und Groll – und auch vor Schmerz, Schmerz, den sie in all seiner Komplexität nicht begreifen konnte. Sie wandte sich kalt von Mrs. Rolt ab und versuchte kaum, sich mit dem Anschein von Höflichkeit, die gute Manieren (ihrer Meinung nach) erforderten, von ihr zu trennen. Die Unschuldigen engagieren sich mit den Schuldigen! Wie konnte jemand es wagen, so über sie zu sprechen? Sie ging weiter zu ihrem Cottage, vergaß ihre vorherigen Alarme, hielt den Kopf hoch und achtete nicht auf das Geräusch der Räder hinter ihr, das schnelle Sausen eines Hundekarrens, der wirbelnd um die Ecke kam Saal. Aber sie erschrak und schrie auf, als sie sich plötzlich umdrehte und Durants Blick traf, der bei ihrem Anblick von der gewöhnlichen Ruhe eines gleichgültigen Passanten in tiefe Überraschung und augenblickliche Begeisterung umschlug. Der Hundekarren fuhr so schnell und hatte so viel „Weg", dass es eine Minute dauerte, bis er hochgezogen werden konnte und er herunterspringen konnte. In diesem Moment war Nancy sich der Notwendigkeit des Falles bewusst geworden und lief eine kleine Seitengasse entlang, durch die sie, wie sie wusste, zur Hintertür des Hauses gelangen konnte. Zum Glück sah niemand sie an den kleinen Gärten vorbei zur offenen Küchentür fliegen. Sie stürzte zu Fannys Alarm und flog atemlos die Treppe hinauf in den Schutz ihres eigenen Zimmers.

„Wenn jemand anruft, liege ich krank im Bett", rief sie im Vorbeigehen zur Bestürzung der kleinen Magd. Matilda saß inzwischen ruhig in dem kleinen Wohnzimmer bei der Arbeit. „Komm mit mir, komm mit mir. Durant ist hinter mir her!" rief Nancy atemlos. Matilda hatte die Geistesgegenwart, wortlos zu gehorchen, obwohl sie sich im Geiste ein Memorandum machte, als sie nach oben ging, um ihrer Schwester nachzulaufen. „Sie sagt auch Durant", sagte Matilda zu sich selbst – aber sie protestierte nicht hörbar; und aus einer Ecke zwischen den Vorhängen beobachtete und berichtete sie, wie der Hundekarren wartete und wie lange es dauerte, bis der Besucher verwirrt zurückkam, nachdem er die Gasse entlanggegangen war und nichts gefunden hatte.

„Er sieht in allen Häusern sehr verdächtig aus", sagte Matilda.

„Oh, bleib in der Nähe, bleib in der Nähe!" rief Nancy von dem Bett aus, auf dem sie hockte – als könnte er durch die Vorhänge hineinsehen. Sie verbrachten eine halbe Stunde voller Angst damit, sein Vorgehen zu beobachten, denn der Hundekarren fuhr weg und kam dann zurück, und ihre Befürchtungen erneuerten sich für einen weiteren zitternden Moment. Aber Durant wandte sich glücklicherweise an niemanden, der ihm Auskunft geben konnte. Er vertraute offenbar auf seinen eigenen Scharfblick oder auf die Hoffnung, dass Nancy sich versteckt hatte und wieder auftauchen würde. Die Schwestern wagten es nicht, Luft zu holen, bis klar war, dass er weg war.

Hier lag eine weitere und wichtige Peinlichkeit und Schwierigkeit auf ihrem Weg. Sie wussten nicht, dass Durants Beschäftigung für ihn so wichtig gewesen war, dass sie alle anderen Interessen in den Schatten stellte. Sie dachten, er würde am nächsten Tag zurückkommen, um gründlich zu suchen und sicherzustellen, dass sie ihm nicht entkamen. Denn für Nancy war in der gegenwärtigen Krise klar, dass nichts anderes auch nur halb so wichtig sein konnte; Ihre eigenen Angelegenheiten schienen ihr natürlich das Thema zu sein, das Durants Gedanken am ehesten in Anspruch nahm.

KAPITEL X.

Die Erklärung zwischen Durant und Lucy, bei der Nancy sozusagen eine Zuschauerin gewesen war und die sie mit so zweifelhaften Gefühlen erfüllt hatte, bevor sie die Gefahr für sich selbst befürchtete, hatte unter Schwierigkeiten stattgefunden. Erst als Lady Curtis durch seine wiederholten Appelle in die Enge getrieben wurde, hatte sie seiner Petition zweifelhaft und widerstrebend zugestimmt – sie verdiente keinen so herzlichen Titel wie Zustimmung –, die nur darin bestand, dass er die Erlaubnis erhalten dürfe, sie weiterzuleiten Frage an Lucy selbst. „Wenn sie nein sagt, gibt es kein Wort mehr zu sagen", hatte er vertreten. Lady Curtis hatte nur mit einem Kopfschütteln geantwortet, eine Geste, die ihn mit Hochgefühl erfüllte, obwohl sie vielleicht doch etwas anderes bedeutete als die Schlussfolgerung, die er daraus zog. Aber nach dem verwirrten Essen, das er unbedingt hinter sich bringen wollte und das er so ungeduldig empfand, dauerte es einige Zeit, bis Lucys Aufmerksamkeit gewonnen werden konnte. Sie war schüchtern und unwillig und halb wütend, dachte er, während ihre Mutter, obwohl sie so liebevoll zu ihm war, froh genug gewesen wäre, das Interview abzuwenden, von dem sie widerstrebend versprochen hatte, dass es zwischen ihnen stattfinden würde. Sie würde nicht von ihrem Wort abweichen; aber wenn es ihr gelungen wäre, es zu verschieben, bis zum letzten Moment aufzuschieben, hätte Lady Curtis das Gefühl gehabt, dass etwas gewonnen war. Und im Laufe des Nachmittags schienen sich die Dinge im Einklang mit ihrem Vorhaben zu entwickeln. Sir John nahm zunächst Besitz von Durant, um ihm etwas zu zeigen, und dann gelang es Lady Curtis, an Lucys Seite zu bleiben, in der Hoffnung, dass der Zeitpunkt, an dem er sich entschieden hatte, sie zu verlassen, zu nahe gekommen wäre, als dass eine Erklärung möglich gewesen wäre, bevor sich die Gelegenheit dazu bot . Aber Durant war nicht der Typ Mann, der von den Umständen so verwirrt war. Als er die Politik sah, die sie verfolgte (und die sie mit einer Heuchelei, die ihn halb wahnsinnig, halb amüsierte, halb rührte, mit missbilligenden, flehenden Blicken zu gestehen und um Verzeihung zu bitten schien), durchbrach er offen das Labyrinth, das sie hatte verwickelte seine Füße darin. Er ging kühn auf Lucy zu, die an der Seite ihrer Mutter saß.

„Es gibt etwas, das ich Ihnen sagen möchte", sagte er mit einem Zittern, das ganz anders war als sein üblicher ruhiger Tonfall. „Deine Mutter hat mir erlaubt, dich zu fragen – mich zu hören –"

„Sag das nicht, Lewis, sag das nicht", rief Lady Curtis. „Ich konnte es nicht verbieten – das war alles."

„Es läuft auf das Gleiche hinaus. Wirst du hören, was ich zu sagen habe – wirst du mir zuhören? Für dich ist es vielleicht nichts, aber für mich ist es alles auf der Welt!"

Lucy wurde purpurrot, dann blass und dann wieder rot. „Kannst du es hier sagen?" fragte sie mit kaum hörbarer Stimme.

„Überall, wo immer Sie wollen, kein Ort kann ändern, was ich zu sagen habe; aber lieber allein", rief er und wurde so aufgeregt, dass auch seine Worte halb unartikuliert waren. Lady Curtis stand seufzend auf, um sie zu verlassen. Aber Lucy spürte, wie die Atmosphäre im Raum, das Gefühl der Beschränkung in der Luft sie erstickte. Sie sprang hastig auf. „Bleib hier, Mama, ich gehe mit Lewis aus", sagte sie und wusste kaum, was sie sagte. Es war ihr völlig ahnungslos, dass diese unbewusste, vertraute Äußerung seines Namens alles vorwegnahm, was sie ihrerseits noch sagen konnte, da sein Appell alles auf seiner Seite verhindert hatte. Als sie hinausging, holte sie ihren Hut und einen Schal ein und drehte sich dann mit einer Frage im Blick zu ihm um – war es eine Frage? Sie wusste es genauso gut wie er, und er wusste es genauso gut wie sie. War nicht alles schon vor Jahren geklärt?

Lady Curtis war sehr unruhig, als sie so zurückgelassen wurde. Sie hatte ihre widerwillige Zustimmung nur unter strengen Bedingungen gegeben – dass derzeit nichts weiter als dieses eine Interview zwischen den Liebenden stattfinden sollte – dass keine formelle Verlobung eingegangen oder Korrespondenz begonnen werden sollte und Sir John noch nichts gesagt werden sollte. Sie sollte ihn so gut wie möglich „managen" und ihre Gelegenheit nutzen; nichts sollte beschleunigt oder erzwungen werden. Sie sollten auf die nächste Wende in Arthurs Schicksal warten. Wenn dabei irgendetwas passierte, wäre Sir John vielleicht einfacher zu handhaben. Aber obwohl sie all diese imaginären Verteidigungsanlagen um sich herum errichtete, wusste Lady Curtis sehr gut, dass sie mit dem Abgeben eines Punktes praktisch alles aufgegeben hatte. Wie kann man zwei Menschen voneinander trennen, die sich verstanden, die einander treu waren, die weder gezwungen noch eingeschüchtert werden konnten? die Sache war unmöglich. Es mag zwar eine Zeit lang geschehen, dass es allen unangenehm ist, aber es bedeutet, Lucy dauerhaft zu quälen, die ihre Eltern liebten und die ihnen wichtiger war als der Rest der Welt! Sie wusste, dass das eine Torheit war. Sir John würde vielleicht widerstehen, und er würde es bereuen – aber er musste nachgeben, wenn sie darauf bestanden. Und was könnte Lucy sonst tun? Lady Curtis war, wie sie sich selbst mit einem Lächeln und einer Träne gestand, auch ein wenig in Lewis verliebt. Er war so gütig, so treu, so eine gute Stütze und Unterstützung für alle, die zu ihm gehörten; er war – was braucht man, um die Beschreibungen zu verlängern – Lewis; und war nicht schon seit Jahren alles in diesem Wort gesagt worden? Natürlich würde Lucy darauf bestehen: nicht rücksichtslos, nicht unfreundlich, sondern standhaft und bis ans Ende ihrer Tage; Es würde keine Leidenschaft geben, keine Tragödie – aber sie würde sich nie ändern. Ihre Mutter wusste das ebenso gut wie den Namen ihres Kindes und begann darüber nachzudenken, während sie ruhelos umherirrte, sich fragte, wann sie wieder zurückkommen würden, sich fragte, was sie einander so lange sagen könnten, sich wunderte über Durants Entschlossenheit und Lucys Mut, wie sie das Beste daraus machen und sich mit dem Unvermeidlichen abfinden konnte. Er würde in seinem Beruf erfolgreich sein, daran schien jetzt kein Zweifel mehr zu bestehen – er würde vielleicht die Bank erreichen, und dann könnte Lucy Lady Durant sein. Lady Curtis zuckte bei dieser Aussicht mit den Schultern. Sie neigte dazu, sich über ihre eigene Position lustig zu machen und von „wir Bürgern" zu sprechen; Aber juristische Ehren dieser Art waren niedriger als jede Demut, die das Oberhaupt einer großen Grafschaftsfamilie, der zehnte Baronet, mit ruhenden Titeln in seiner Rasse, die er nicht beanspruchen wollte, bewirken konnte. Lady Durant! „Enkelin des alten Durant, wissen Sie, des Sattlers." Das war es, was gesagt werden würde. Lady Curtis glaubte, den Klang der Stimmen zu hören, die leise über diese Silben stolperten. Sicherlich hatten viele größere Damen als sie die Söhne des *Parvenü* als ihre Töchter angenommen. Herzoginnen taten es jeden Tag; Aber für so etwas sind doch Herzöge geschaffen, sagte sie sich lächelnd; Waren sie nicht eine Art gekrönte Dampfmaschinen, um die Unterschicht hochzuziehen? ganz anders als wir Bürger. Zwar gab es schon immer den Wollsack, eine Institution, die viel zur *Noblesse* des Gewandes beiträgt. Mit einer skurrilen halben Belustigung begann sie zu überlegen, ob sie Lewis Lord Chancellor wahrscheinlich noch erleben würde. Er könnte es in zwanzig Jahren schaffen (falls er es jemals tun würde). Zwanzig Jahre würden ebenso ausreichen wie hundert. Lady Curtis war erst siebenundvierzig, es gab keinen besonderen Grund, warum sie nicht so lange leben sollte, und eine solche Erhöhung würde Lady Durant natürlich sehr versüßen.

Aber wie lang waren diese beiden? Was könnten sie einander sagen? Es war fast die Stunde gekommen, zu der Lewis seinen Hundekarren bestellt hatte, und er hatte eine lange Fahrt vor sich. Dann ging sie in ihr Zimmer, zog ihre Outdoor-Kleidung an und ging hinaus, um die Liebenden zu treffen. Sie ging die Allee entlang, halb zufrieden, halb verärgert darüber, dass sie so weit gegangen waren. Warum hätten sie es vorziehen sollen, außer Sichtweite des Hauses zu bleiben? und doch war es besser, dass sie sich nicht plötzlich der Beobachtung von Sir John unterwarfen. Mit einem Flattern in ihrer Brust aus einer Mischung aus Vergnügen und Schmerz nahm sie sie in der Ferne wahr. Es schmerzte sie unendlich, wenn auch bewusst, ihre Lucy, ihre schüchterne, zarte, anspruchsvolle Blume der Jungfräulichkeit, *so* auf den Arm eines Mannes stützen zu sehen ; und doch war das Glück in Lucys Brust nicht annähernd ihr eigenes. Als sie selbst errötend und halb beschämt vor ihren Blicken auf sie zukam, war der junge Mann so dreist, unter ihren eigenen

Bäumen auf sie zuzugehen und sie auf die Wange zu küssen. Er hatte es schon einmal getan, als sie sich in der Tiefe ihrer Not an ihn geklammert hatte; Aber in diesem Kuss lag eine unerschrockene Selbstsicherheit, die sie erschreckte. Sie hätte ihn vielleicht unter ihrem Stirnrunzeln mit heftiger Missbilligung zerquetschen können, wenn nicht in diesem Moment der Hundekarren hörbar gewesen wäre und schnell auf sie herabfuhr. Als er wegging, blieb keine Zeit, wütend zu sein. Sie nahm den Arm ihrer Tochter, als er weg war, und zog ihn fest an sich, während sie beiseite traten, um ihm zuzusehen, wie er die Allee entlangstürmte, denn er kam zu spät. Lady Curtis hielt Lucy fest und die Tochter klammerte sich an die Mutter; Aber ist die Anhaftung jemals wieder so eng, nachdem der Arm eines Mannes diesen sanftesten, wärmsten Druck erfahren hat? Lady Curtis spürte mit einem Seufzer den Unterschied – oder glaubte es zumindest, was auf dasselbe hinausläuft.

Und als Durant davonfuhr, den Kopf voller Lucy, war er plötzlich wie gebannt, sozusagen aus nächster Nähe, vor den Augen von Mrs. Arthur, die vor Überraschung und Besorgnis in sein Gesicht blickten. Nancy! Hier! Es war so unglaublich und sein Geist war so beschäftigt, dass er beinahe seinen Hundekarren umwarf, indem er ihn mit einem Ruck hochzog und dann die Zügel, die er so fest gehalten hatte, auf den Hals des Pferdes fallen ließ. Er wusste nicht, ob er wach war oder träumte, als er hinunterstolperte, die Überraschung war so groß, der Schock so plötzlich. Nancy! Ihm kam es so vor, als sei ihm durch diese plötzliche Erscheinung eine Art Hinweis auf Hilfe, ein Leitfaden der Führung gegeben worden. Er eilte hinter ihr her und fragte einen oder zwei gaffende Wanderer, die sie nicht bemerkt hatten, wer die Dame sei, während er ihrer Spur folgte; Aber die Angst hatte Nancy Flügel verliehen, und sie hatte Schutz gefunden, bevor er in Sicht kam. Wie wir gesehen haben, wanderte er einige Zeit ziellos umher, stellte vage Fragen und blickte sich in den Häusern um. Aber da niemand die Dame gesehen hatte, auf die er sich bezog, und da seine Beschreibung in seiner Aufregung vielleicht weniger klar war als gewöhnlich, machte er mit seinen Nachforschungen nichts. Sie zeigten ihm das Haus von Frau Rolt, das er kannte, und alles darin; und als der Abend bereits hereinbrach, fühlte sich Durant gezwungen, endlich seinen Weg fortzusetzen. Er konnte nicht alles erkennen, was er erwartete, alles, was durch die Verwirrung in seinen Gedanken zu flattern schien – Möglichkeiten für die Zukunft, neue Lichter, neue Wahrscheinlichkeiten; denn es muss daran erinnert werden, dass sein Geist bereits in Aufregung war mit all dem, was ihm in den letzten halben Dutzend Stunden passiert war – mehr als in den halben Dutzend Jahren zuvor oder sogar in seinem ganzen Leben.

Es sollte keine Korrespondenz stattfinden; Dennoch war Lady Curtis nicht überrascht, als sie am nächsten Tag einen Brief erhielt, dem ein Brief für Lucy beigefügt war.

„Nur dieses eine Mal", flehte er; „und nicht aus bloßer Befriedigung, ihr schreiben zu dürfen. Ich möchte ihr etwas sagen. Du wirst mir dies kein einziges Mal verweigern."

Lady Curtis lehnte ihn nicht ab. Sie gab Lucy den Zettel mit einem Lächeln, einem Seufzer und einem kleinen Schulterzucken.

„Was ist das Großartige, was er dir zu sagen hat, frage ich mich? Das Gleiche, nehme ich an, hat er neulich so lange gebraucht, um es Ihnen zu sagen."

„In der Tat muss es etwas sein, das er vergessen hat", sagte Lucy mit schlichtem Ernst; aber sie nahm die Notiz mit nach oben, um sie in ihrem eigenen Zimmer zu lesen, und rannte unter dem Vorwand davon, etwas zu wollen – ein Vorwand, den ihre Mutter mit einem weiteren Seufzer und einem Schulterzucken gut genug verstand. Und tatsächlich hatte Durant es nicht versäumt, seine Chance zu nutzen. Bei dem kleinen Brief handelte es sich um einen Liebesbrief, etwas, das zu exquisit ist, als dass man es gewöhnlich berühren könnte; aber es hatte ein Nachwort, das seine *Daseinsberechtigung darstellte* .

„ *Das ist es, was ich dir immer sagen möchte, was ich dir täglich und stündlich in meinem Herzen sagen werde, bis ich dich in wirklicher Gegenwart dort habe, meine Lucy* ", schrieb der Betrüger; und dann, mit einer Drehung seiner Hand, sogar in veränderter Schreibweise: „Aber ich hätte es nicht gewagt zu schreiben, wenn ich nicht eine seltsame Tatsache erfahren hätte, nachdem ich dich verlassen habe – ARTHURS FRAU IST IN OAKLEY . Es scheint unglaublich, aber es ist wahr. Ich habe sie auf der Straße gesehen. Als sie mich sah, verschwand sie in einer Seitengasse und musste in ein Haus gegangen sein. Sie werden es ihnen sagen oder nicht, ganz wie Sie möchten; aber ich muss es *dir sagen* . Es scheint, ich weiß nicht genau wie, Hoffnung für uns selbst darin zu haben. Mein Liebling!" Und dann begann wieder die andere Art des Schreibens, mit der wir nüchtern denkenden Menschen nichts zu tun haben.

Man kann annehmen, dass Lucy von dieser Mitteilung äußerst aufgeregt war; Nicht nur am Anfang, das muss man zugeben, erst nachdem sie es etwa sechsmal gelesen hatte, wurde ihr der eigentliche Sinn klar. Zunächst war es der andere Teil des Briefes, der sie beschäftigte; und als Lady Curtis lächelnd sagte: „Was war die tolle Neuigkeit – eine Geschichte, die alt genug ist, nehme ich an?" Lucy meinte mit ihrer Antwort keine Täuschung. Aber nach und nach erlangte die Tatsache in ihrem Bewusstsein ihre wahre Bedeutung. Sie hegte keinen Zweifel mehr an diesem Thema; hatte es ihr nicht sofort der Instinkt zugeflüstert? Nancy war hier, in ihrer Reichweite, in ihrem

Einflussbereich; und damit konnte nur eines gemeint sein, dass die rebellische junge Frau, die Arthur so unglücklich gemacht hatte, den Irrtum ihrer Wege erkannt hatte und bereit war, von ihnen abzuweichen, um die Gunst der Familie ihres Mannes zu suchen, sich darum zu bemühen bitte sie, dass eine Versöhnung und allgemeine Verzeihung aller Straftaten in Aussicht stehe. Als Lucy die wichtige Tatsache, die ihr so mitgeteilt wurde, völlig erkannte, war sie ratlos. Was sollte sie tun? Ein seltsamer Widerwille erwachte in ihr, darüber zu sprechen und es irgendjemandem zur Kenntnis zu bringen. Wäre es nicht besser, diese seltsame junge Frau, von der Lucy gleichzeitig angezogen und abgestoßen worden war, ihre Absichten, was auch immer sie waren, in die Tat umsetzen zu lassen? Es war nicht selbstverständlich, dass die junge Dame mit besonderer Freundlichkeit oder sogar ohne gewisse Vorurteile an diesen Eindringling dachte. Lucys Gefühl war zunächst ganz zu Gunsten ihrer Schwägerin gewesen. Vor der Hochzeit, als die Frage lautete, ob Arthur überredet oder gezwungen werden sollte, sein Versprechen nicht einzuhalten, war Lucy Nancys treue, wenn auch zurückhaltende Unterstützerin gewesen. Sie war entsetzt über die Vorstellung, dass das gelobte Wort und die versprochene Liebe eines Mannes nicht bindend seien, wenn die Frau, der sie versprochen wurden, einer minderwertigen Klasse angehörte. Diese Doktrin hatte jedes Gefühl in ihrem Herzen schockiert und empört, und als ihre Familie unwürdige Anstrengungen unternommen hatte, Nancy abzukaufen, war Lucy ebenso empört gewesen wie Arthur. Aber jetzt war alles anders. Die Ähnlichkeiten in der Natur und die Vielfalt der Umstände, die ihr in einer Phase ihrer Geschichte ein Gemeinschaftsgefühl mit diesem Mädchen vermittelten, lösten bei ihr jetzt ein gewisses Gefühl der Abneigung aus. Sie hatte es für eine bloße törichte Einbildung ihrerseits gehalten, Mrs. Arthur im Wren Cottage mit Nancy zu identifizieren; Aber selbst dabei hatten Lady Curtis' bereitwillige Voreingenommenheit zu ihren Gunsten und die lockere Faszination, die sie auf Sir John ausgeübt hatte, bei Lucy einen leichten, unwillkürlichen Stich des Unmuts ausgelöst. Was sahen sie in dieser jungen Frau, dass sie so bereitwillig Gefallen an ihr fand? Sie war hübsch. War das alles, was nötig war? Lucy wurde dadurch in keiner Weise verletzt, es nahm ihr nichts, dennoch war sie mehr als halb wütend über die schnelle Eroberung ihrer Eltern durch den Fremden. Sie hatten ein ziemlich absurdes Interesse an ihr. Warum? Sir John sprach von ihr, als wäre sie eine Prinzessin gewesen, und sogar ihre Mutter, die als Frau mehr Unterscheidungsvermögen hätte haben sollen, war geneigt, von diesem neuen Gesicht zu schwärmen, in dem es so etwas schließlich nicht gab umwerfende Schönheit, die die Welt im Sturm erobert. Lucy war ein wenig verärgert über sich selbst, weil sie das empfand, aber sie hatte es gespürt. Sie selbst war geneigt gewesen, ihre Aufmerksamkeit der einfachen Schwester zu widmen, die ein guter, bescheidener kleiner Körper war und niemandes

Bewunderung beanspruchte. Und als diese seltsame Gewissheit kam, um die Vermutung zu bestätigen, die selbst ihr selbst zu phantastisch vorgekommen war, um eine Tatsache zu sein, verspürte Lucy augenblicklich eine Zunahme von Vorurteilen, eine fast Abneigung, für die sie keinen Grund nennen konnte und die zugleich unhöflich und unfreundlich war. Warum sollte sie sich jetzt gegen Nancy wenden? War es nicht sowohl im Interesse der Familie als auch in ihrem eigenen Interesse, dass sie die Möglichkeit einer Wiedervereinigung zwischen Arthur und seiner Frau in jeder Hinsicht förderte? Es muss zu Arthurs Wohl sein, dass er aus seiner falschen Position befreit wird und sein Leben ehrlich lebt, nachdem er es gewählt hat; und es muss zum Vorteil der Familie sein, dass ihr Erbe an seinem natürlichen Platz ersetzt wird, sowohl für die Gegenwart als auch für die Zukunft. Schließlich konnte es überhaupt keinen Zweifel daran geben, dass es sich um Lucys eigenes Interesse an der Neuentwicklung ihres Grundstücks handelte. Wenn Arthur wie jeder andere junge verheiratete Mann wäre, verbunden mit einer Frau, die seine Eltern zumindest zu mögen gelernt hatten, ob sie sie gutheißen oder nicht, wie viel einfacher wäre dann alles für die jetzt unmögliche Heirat der Tochter, die es derzeit war ihre einzige Hoffnung! Aber man kann nicht sagen, dass dieser Hinweis auf ihren eigenen geringeren Wert und ihre geringere Bedeutung und die Möglichkeit, dass Nancy sie befreien könnte, indem sie ihren Platz im Haus ihres Vaters einnimmt, für Lucy Curtis überhaupt ein angenehmer Gedanke war. Es könnte ihr „Glück" fördern; aber es machte sie im Moment sicherlich nicht glücklicher. Sie war unvernünftig – wie wir alle mehr oder weniger sind. Ja, sie würde sich freuen, wenn Arthur „glücklich" wäre, dass alles gut gehen würde; Aber an die plötzliche Vorliebe ihrer Mutter für diesen Fremden zu denken, an die schnelle Unterwerfung durch ihren Vater, an Nancy, die ihren Platz in Oakley innehatte, all die Dinge tat, die sie getan hatte, und die von allen als die junge Dame des Ortes akzeptiert wurde, das war schwer Lucy. Für den Moment bereitete es ihr einen fast unerträglichen Stich – obwohl sie sich sofort mit heißer Wut und Selbstverachtung dafür zur Rede stellte. Wie gemein und arm, was für ein elendes, erbärmliches Geschöpf war sie!

Doch dann, nach all diesem Gefühl, kam die praktische Seite der Sache. Sollte sie es ihrer Mutter mitteilen? Lucy hatte keine Geheimnisse vor ihrer Mutter, außer der Tatsache, dass sie sie geliebt hatte, bevor sie öffentlich um ihre Liebe gebeten worden war – eine Sache, die selbst die zärtlichste und vertraulichste aller Töchter nicht offenbaren würde. Sie unternahm eine heldenhafte Anstrengung, alle Vorurteile, alle vorübergehenden und zufälligen Gefühlsirritationen aus ihrem Kopf zu verbannen. Welches war das Beste? Dieses Inkognito seinen vollen Wert entfalten zu lassen, Arthurs Frau den vollen Nutzen aus den sichtbaren Bemühungen zu ziehen und ihr Geheimnis zu bewahren? Wenn es vorzeitig enthüllt würde, wäre es möglich, dass die Aktion selbst sich negativ auf Nancy auswirken würde, zumindest bei Lady Curtis. Sie ihr Bestes geben zu lassen, nichts zu sagen, ihr die Chance zu geben, sie zu ihren Freunden zu machen, wäre das nicht das Freundlichste, was Arthurs Schwester tun könnte? Die Schlussfolgerung lässt sich sehr einfach formulieren, aber es hat lange gedauert, bis man zu einer Schlussfolgerung kam. aber dafür entschied sich Lucy schließlich.

„Wirst du für mich antworten?" sie sagte zu ihrer Mutter; „Nein – ich werde deine Erlaubnis nicht überschreiten, Mama. Ich werde mein Versprechen einhalten, nicht zu schreiben. Sagen Sie von mir", sagte Lucy errötend, „dass ich – in meinem Herzen auf alles reagiere, was er sagt; aber dass es derzeit zu allen Themen am besten ist, nicht zu sprechen. Sagen Sie ihm das Wort für Wort."

„Getreu, mein Schatz – und danke, meine Lucy", sagte die Mutter und küsste sie, während ihr schnell Feuchtigkeit in die Augen stieg. Dann fügte sie lächelnd hinzu: „Vielleicht gebe ich ihm – deine Liebe?"

Lady Curtis war schließlich nicht hart zu den jungen Leuten.

KAPITEL XI.

A RTHUR CURTIS hatte kein selbstverleugnendes oder asketisches Leben geführt; Tatsächlich war er in den letzten Monaten den Tiefen des moralischen Verfalls näher als je zuvor. Er war rücksichtslos gegenüber sich selbst und seinem Leben geworden; nicht grob rücksichtslos wie Männer, die sich in gröbere Ausschweifungen stürzen, sondern so entmutigt und erschöpft, dass er allein aufgrund der Tatsache, dass er sich nicht mehr darum kümmerte, was er tat, aufgehört hatte, gut zu sein, und fast in den Abgrund auf der gegenüberliegenden Seite gestürzt wäre. Er war in der Vergangenheit ziemlich dumm gewesen, aber sein Ziel galt zwar nicht den erhabensten Zielen des Ehrgeizes, aber doch denen der Ehrlichkeit, Wahrheit, Treue und eines reinen Lebens. Es wäre vielleicht unklug gewesen, so weit außerhalb der Region zu lieben, zu der er selbst gehörte; aber zumindest fügte seine Liebe niemandem Schaden zu und hatte keine bösen Gedanken in sich. Er war ihm treu geblieben, trotz allem, was ihm in den Weg kam; Widerstand und Flehen seitens seiner Familie und teilweise Abscheu und Unzufriedenheit auf Seiten seiner Familie hatten ihn nicht bewegt; aber welchen Nutzen hatte all seine Treue gehabt? Was hatten ihm seine Ehrlichkeit und seine reinen Absichten gebracht? Er war am Ufer gestrandet – hilflos und ohne Hoffnung auf die ernsteren Entwicklungen des Lebens. Er war lebenslang an die Frau gebunden, die ihm fremd geworden war – die ihn von ihr verstoßen hatte; und hoffnungslos abgeschnitten von allen anderen ehrenhaften Verbindungen, vom Glück der Heimat, von allem, was einem jungen Mann den Verlust seiner ersten Freiheit ausgleicht. Arthur hatte alle Übel dieser Freiheit ohne das Gute daran; Er war gefesselt und doch losgelassen, zu jeder Art von Freiheit versucht, und doch in einer solchen Lage, dass ihm die gewöhnliche und unschuldige Freiheit verweigert wurde. Nichts könnte grausamer für einen übermütigen jungen Mann sein, der nicht in der Selbstverleugnung geschult ist. Und als diese zwei Jahre vorüber waren, hatte er alles satt: die Zwänge, die ihn einschränkten, das Gewissen, das ihn an diese Zwänge erinnerte, und die verletzte Liebe, die an seinem Herzen nagte und sich wie Wut anfühlte. Welchen Nutzen hatten ihm all seine Bemühungen, Gutes zu tun – von all der ehrlichen Bedeutung seiner Seele? Dem fröhlichsten und am wenigsten selbstverleugnenden seiner Kameraden ging es besser als ihm; und er war an der Grenze zum Laster gewesen – nicht getrieben von irgendeiner Leidenschaft, sondern eher von Ekel und unfreiwilligem Zynismus, was spielt das schon eine Rolle? der verzweifelten Seele. An der Grenze zum Laster – und halb ungläubig an etwas Besseres – halb aufgebend für alles, was auf dieser Welt besser war – und versuchte, sich einzureden, dass nichts von Bedeutung sei. Die Jugend gelangt sehr leicht zu dieser Alternative des Glücks. Die Weisheit, die herausgefunden hat, dass das Leben im Glück oder im Unglück weitgehend gleich verläuft und dass in den schlimmsten Umständen nicht alles völlig böse und in den besten nicht alles völlig gut ist; ist eine ältere Art von Weisheit. Aber Arthur hatte keine Geduld wegen seiner eigenen Hoffnungslosigkeit – er empfand seine eigene Müdigkeit als unerträglich; Das bedeutet, dass weder die Hoffnungslosigkeit noch die Ungeduld völlig echt waren oder auch nur halb so viel Einfluss auf sein Herz hatten, wie er es sich vorgestellt hatte.

Ihre unmittelbare Wirkung war jedoch eine große Bitterkeit und Unruhe sowie Abneigung gegen alles um ihn herum. Er hatte gelernt, sein neues Leben, seine Beschäftigungen und die Freuden zu hassen, die vielleicht schneller verblassten als seine Beschäftigungen; und all das Geplapper diplomatischer Gespräche, das so sehr dem Geplapper der kleinsten Gemeindeangelegenheiten gleicht, nur dass die Themen wichtiger sind. Diese persönlichen Diskussionen und Berichte, das „er sagte" und „sie sagte", die vorgeben, von entscheidender Bedeutung zu sein, wenn das „er" und das „sie" Könige und Königinnen sind, in jeder anderen Hinsicht aber dem gewöhnlichen Klatsch so ähnlich sind, wurden unbeschreiblich ermüdend. All dies, was ihn zunächst von seinen scheinbar kleinen Angelegenheiten abgelenkt hatte und großartig und großartig geklungen hatte, machte ihn jetzt mit seiner Erbärmlichkeit krank. „Sie können davon ausgehen, dass der Kaiser das und das gemeint hat." „Aber ich versichere Ihnen, Graf A – sagte –" Welcher Mann war dafür besser geeignet? fragte er sich voller Verachtung. Nichts ist umso besser und umso schlimmer, als ihm klargemacht wurde, dass bloßer Klatsch, unsinniges Treiben und übertriebene Umständlichkeit sich in den ernstesten Momenten aufdrängen und an den größten Ereignissen beteiligt sind. Mrs. Bates besprach die Angelegenheiten ihrer Kapelle und die privaten Meinungsverschiedenheiten zwischen dem Geistlichen und den Diakonen oder ein Gesandtschaftssekretär, der eifrig darüber nachdachte, wie der Kaiser und Graf A. und Prinz B. einander widersprachen – was war der Unterschied? War das nicht alles kleinlich, elend, unwürdig? Was war für einen Mann besser? Und obwohl die *Salons* schöner und der Gesprächsstil anmutiger waren, war das Thema nicht überall das gleiche wie im Salon in Underhayes, wo Arthur die Vulgaritäten des Lebens so genau kennengelernt hatte? Er war von allen angewidert. Das einzig Gute unter der Sonne war sicherlich, so viel wie möglich zu genießen, wo man konnte, und alle anderen Überlegungen beiseite zu lassen. Sei glücklich – wenn das in deinen Kräften steht – aber wenn nicht glücklich, dann sei amüsiert, wenn du dazu in der Lage bist, lenke dich von deinen eigenen Gedanken ab, unterhalte dich, wenn nicht durch Liebe und Freundlichkeit, so doch durch die Torheit, und Affektiertheit und Selbstachtung gegenüber anderen. Dieses Glaubensbekenntnis entsprach nicht unbedingt dem Geschmack eines offenen und aufgeschlossenen jungen Mannes, der mit seinen Mitmenschen sympathisch, männlich, freundlich und von sanftem Herzen war; Aber sein Unglück hatte ihm eine Wendung gegeben, und all die Ausbildung, der er derzeit unterworfen war, alle Einflüsse um ihn herum führten ihn in diese Richtung. Was spielte es für eine Rolle? Lasst uns essen und trinken, denn morgen sterben wir. Arthur stand kurz davor, diesem Glaubensbekenntnis nachzugeben. Er befand sich am Rande des Abgrunds, der bodenlos ist und in dem es so wenig Hoffnung gibt; und er hätte am Ende ein fröhlicher Ungläubiger sein können, ein kühler, aber lachender Zyniker, sogar ein Ungläubiger an alles Gute, der das Negative jeder Tugend nicht nur akzeptieren, sondern sich darüber amüsieren sollte, die letzte Erniedrigung. Er hatte fast nachgegeben, als Durants Brief, in dem er ihn über das Verschwinden von Nancy informierte, plötzlich wie ein Blitz in sein Leben eindrang. Er hatte so wenig wie möglich an Nancy gedacht, der arme Kerl! Sie lebte das Leben, das sie sich vorgenommen hatte, unter dem Schutz ihrer Eltern in dem Zuhause, das sie bevorzugte. Arthur kannte die halbwilde Zurückhaltung und Reinheit des Mädchens zu gut, um Zweifel an ihrer Ehre ihm gegenüber zu hegen. Es war nicht so, dass sie ihr Herz auf einen anderen übertragen konnte; aber dass sie für ihn überhaupt kein Herz hatte; nicht, dass sie in der Liebe untreu war, sondern dass sie ohne Liebe leben konnte. Er hatte ihr geschrieben, ohne zunächst eine Antwort zu erhalten; dann hatte er aufgehört zu schreiben; er hatte seit etwa achtzehn Monaten nichts von ihr gehört, außer dass ihr Geld bezahlt worden war; In all der Zeit hatte er kein Zeichen von ihr gesehen. Sein Herz hatte alle Phasen der Sehnsucht, des Wartens, der schrecklichen Angst und der anhaltenden Hoffnung gegen Hoffnung durchlaufen. Und dann hatte er sich entschieden von dem Undankbaren abgewandt. Er hat niemandem gegenüber auch nur ihren Namen erwähnt, er hat den Briefwechsel mit Durant aufgegeben, er hat seine Vergangenheit in jenes Grab der Dunkelheit geworfen, in das so viele Männer nacheinander in Scherben ihr Leben warfen, das sie hingeworfen hatten weg. Es war nicht seine Schuld, oder zumindest war es bei weitem nicht allein seine Schuld, dass diese Lebenschancen vertan worden waren; Aber jetzt lasst sie gehen und lasst niemanden versuchen, über sie zu jammern. Es ging ihr gut, sie gehörte zu den Menschen, die ihr am besten gefielen, sie wurde gut umsorgt und so geschätzt, wie sie es sich gewünscht hatte, wenn auch nicht so, wie er sie geschätzt hätte. Lass sie sein. Sie gehörte ihm, aber sie war nicht für ihn, und niemand anderes konnte für ihn sein. Sie hatte das Leben, das er ihr geweiht hatte, zerstört. Von nun an gab es darin eine Lücke, die sie nicht wollte und die niemand sonst füllen konnte. Die legitimen Bindungen, die reineren Hoffnungen waren vorbei. Aber es gäbe auch andere, billigere Trostmöglichkeiten – wenn er sich hätte überreden können, die Spelzen anzunehmen, die die Schweine fressen; und zu diesen letzten erniedrigenden Festen entschloss er sich.

Als plötzlich Durants Nachricht wie ein Blitz in sein Leben eindrang und die Stagnation der ungesunden Luft durchbrach. Diese Frau, die ihm gehörte, war wie er allein auf der Welt. Der bescheidene Kreis, den sie ihm vorgezogen hatte, wurde aufgelöst. Alles, was sie geliebt und an dem sie festgehalten hatte, war von ihr verschwunden. Vielleicht hätte auch sie schon zuvor die Tristesse dieses Daseins, das seiner engsten Bindung beraubt war, zu der sie ihn verurteilt hatte, gespürt; aber zumindest musste sie es jetzt spüren. Alles war ihr verloren gegangen, der Schutz des Hauses ihres Vaters, der natürliche Schutz und die moralische Unterstützung, die sie vielleicht in ihrem Irrtum gehalten hatten; aber was sie jetzt zusammen mit allem anderen im Stich gelassen haben muss. Das erste Gefühl in Arthurs Kopf war tiefes Mitleid mit Nancy. Sie hatte ihm schweres Unrecht getan, sie hatte alle ihre gemeinsamen Chancen auf Glück vertan; Aber sie war jung, unerfahren, dumm, ein Kind, das mit den gefährlichsten Elementen spielte und es nicht besser wusste, und jetzt war die Zeit gekommen, in der auch sie die Strafe tragen musste. Aber als er die Folgen des Unglücks erkannte, das seiner Frau widerfahren war, und hörte, dass sie Underhayes verlassen und das Taschengeld aufgegeben hatte, worüber er zunächst so sehr überrascht und enttäuscht und zufrieden gewesen war, dass sie sie akzeptierte, schwoll Arthurs Herz an mit einem großzügigeren, glücklicheren Gefühl als seit Monaten zuvor. War dies nicht eines der Dinge gewesen, die ihn an der menschlichen Natur am meisten angewidert hatten, obwohl er es nie in Worte gefasst hatte? Der Gedanke, dass seine Frau, wenn sie ihn verließ, zwar keine Liebe von ihm, wohl aber Geld annehmen würde, ein demütigender, erniedrigender Gedanke! Mit einem Schrecken und einem plötzlichen Schauer des Erkennens hörte er, dass sie es jetzt beiseite geworfen hatte, und diese eine Tatsache warf ihm Licht auf alles, was zuvor geschehen war, und schien sie von tausend Missverständnissen befreit zu ihm zurückzubringen. Endlich erkannte er seine Nancy wieder, stolz, unbesonnen, kühn, unvorsichtig, zu jedem Ausbruch leidenschaftlicher Torheit fähig, aber nicht zu egoistischer Berechnung oder der Klugheit eines bewussten Handels.

Jetzt habe er alles gesehen, dachte er; und in seinen Gedanken, konnte sich irgendjemand fragen? ebenso viel Ungerechtigkeit gegenüber dem armen vulgären Paar in ihren Gräbern, die nicht söldnerischer waren, als die Armut sie dazu zwang, wie er es früher seiner hitzköpfigen und törichten Frau angetan hatte. Es war ihre Schuld gewesen; Sie hatten sie zu dieser vulgären Vereinbarung gezwungen, die ihn so abgestoßen hatte, und zu dieser Verschärfung der Herzverletzungen durch eine Entschädigung. Hatte er nicht die ganze Zeit gewusst, dass es nicht Nancy sein konnte? Was könnte Nancy unähnlicher sein, so unabhängig, so trotzig, so unbesonnen und ungeachtet aller Gebote der Vorsicht wie sie gewesen war? Es war ihm ein Rätsel gewesen und hatte durch und durch brennenden Schmerz verursacht;

aber jetzt erkannte er sie wieder. Es war, als ob plötzlich, nachdem es lange Zeit aus seinem Gedächtnis verschwunden war, ihr Gesicht mit all den charakteristischen Mängeln und Unvollkommenheiten seiner Schönheit, Mängel, die weitaus süßer waren als die fehlerhafte Makellosigkeit anderer, plötzlich aus der Dunkelheit auf ihn aufgestrahlt hätte. Vielleicht, wie konnte er sagen, wenn er weniger distanziert gewesen wäre, wenn sie weniger stolz gewesen wäre, hätte sie sich in ihrer Trauer und Einsamkeit an ihn gewandt und seine natürliche Unterstützung, seinen natürlichen Trost gesucht; Aber zumindest hatte sie sich durch diese übereilte, törichte Sofortmaßnahme gerechtfertigt. Wenn nicht Liebe, dann kein Geld, kein Handel, kein Söldnervorteil. Durch die Dunkelheit, durch die Ferne, blitzend vor Wut, verschleiert von Tränen, schienen Nancys Augen plötzlich auf ihn zu leuchten, Nancys Stimme, stockend und doch fest, ihm einen Trotz, eine Herausforderung entgegenzuwerfen – war es ein Appell? Aus Arthurs Brust kam ein plötzlicher Ausbruch von Schreien und Gelächter, und seine Augen füllten sich in seiner Einsamkeit mit Tränen, Salz und Kochen, aber süß. Und als er dort allein saß, wurden seine Stirn und sein Hals feuerrot. Zu welcher unwürdigen Rivalität, zu welcher erbärmlichen Teilnahme hätte er seine Frau beinahe erniedrigt! Aber der Himmel sei gepriesen, diese Stimme aus der Dunkelheit war rechtzeitig gekommen.

Und zunächst kam ihm nicht in den Sinn, dass diese plötzliche und prompte Rechtfertigung ihrer selbst, die Nancy in Ordnung brachte, äußere Konsequenzen nach sich zog, die jeden Mann beunruhigen könnten. Was könnte sie tun, um den daraus resultierenden Verlust ihres Lebensunterhalts auszugleichen? Sie wäre nicht nur eine Waise und ohne Freunde, sondern auch mittellos, hätte nichts und niemanden, der sie vor der Not bewahren könnte. Dies ist ein Gedanke, der einen Mann, der an alle Ressourcen des Reichtums gewöhnt ist und keine Ahnung davon hat, wie arme Menschen es schaffen, darüber zu stolpern und Körper und Seele zusammenzuhalten, obwohl sie überhaupt kein Einkommen haben, entsetzen könnte. Ein Schauder des Schmerzes durchlief Arthurs Wesen, als er an die Opfer und Nöte dachte, zu denen sie gezwungen werden könnte; Obwohl das zunächst nicht halb so stark war wie die Erleichterung und Befriedigung der anderen Entdeckung, dass sie selbst immer noch dumm, unbesonnen, leidenschaftlich, aber nicht Söldnerisch war. Doch im Laufe der Tage wurde es ihm immer klarer, und auf den Brief, den er Durant schrieb, in dem er Durant (dessen Zeit und Arbeit seinen Freunden als ihnen zu gehören schien) anflehte, keine Zeit zu verlieren, um Nancy zu finden, erhielt er keine Antwort. Wie es geschah, und wie es so oft in den Notlagen der individuellen Geschichte geschieht, konnte Arthur in diesem Moment nicht selbst nach Hause eilen, wie er es fast zu jedem anderen Zeitpunkt getan hätte, um seine Frau vor ihren selbst auferlegten Entbehrungen zu retten, was auch immer Sie könnten sein. Seine Chefs waren abwesend, es herrschte eine Flaute im diplomatischen Geschäft, und es war seine Pflicht, auf seinem Posten zu bleiben, den kleinen Klatsch des Hofes zur Kenntnis zu nehmen, all das kleine Bier aufzuzeichnen und die Fetzen dieser Bemerkung zu nationaler Bedeutung zu machen fiel von Graf A. und Prinz B.

Einen Monat oder länger musste er so weitermachen, wobei er sich mit jedem Tag darüber aufregte und immer aufgeregter und ängstlicher wurde. Nach und nach schrieb Durant, dass er alle möglichen Nachforschungen anstellte, aber bisher noch nichts entdeckt hatte. Und dann erhob sich in Arthurs Kopf ein furchtbares Fieber ängstlicher Gedanken. Wo könnte sie sein? Was könnte sie tun? Welche Entbehrungen könnte sie ertragen, welche Mühen, welche Nöte? All die Geschichten der Not, die er je gehört hatte, von stolzer Armut, von Kämpfen um Arbeit, von spartanischer Unabhängigkeit, die eher ruhig verhungerte, als um einen Bissen zu bitten, all die Verspottungen und Verachtungen, die der Geduldige von den unwürdigen Leuten verdiente, kamen ihm in Erinnerung. Während er sanft lebte und sanft schlief, wandte sich seine Frau Nancy möglicherweise entmutigt, mittellos und ohne Obdach von einer Tür ab, die ihr verschlossen war. Himmel oben! was könnte er tun? Er schickte wilde Anzeigen an die „Times", er schrieb unaufhörlich Briefe an Durant. Finde sie! war sein Schrei; Allerdings verbrachte Nancy ihre Zeit im Großen und Ganzen sehr angenehm, wie der Leser weiß. Aber Arthur dachte nicht an das kleine Vermögen – die zweihundertfünfzig Pfund, die ihren Schwestern übergeben werden sollten. Es war nichts dagegen unternommen worden, und es hatte keinen Platz in seiner Erinnerung gefunden; Ihm fiel nichts Vernünftiges ein, er verlor sich nur in einer vagen Wolke aus Aufregung, Schrecken und Angst, die noch dadurch verstärkt wurde, dass es ihm unmöglich war, zu entkommen und sich selbst auf die Suche nach ihr zu machen. Und seine Sorgen wurden durch ein zufälliges Treffen mit seinem Pariser Freund Denham noch verschärft, der „glaubte, Mrs. Arthur Curtis irgendwo gesehen zu haben", sich aber nicht erinnern konnte, wo. Denham wusste wie jeder andere, dass Mann und Frau getrennt lebten; und er war neugierig und wagte sich an eine Leitfrage, der Arthur in seinem Zustand der Ungewissheit bereitwillig zum Opfer fiel. Er verheimlichte nicht, dass er besorgt war, denn er gab zu, „seit einiger Zeit nichts von seiner Frau gehört zu haben". und dann erinnerte sich Denham seinerseits, dass er sie irgendwo gesehen hatte; Wo hatte er sie gesehen? War es in Paris, war es London? er war erst vor kurzem aus England gekommen; und er konnte sich nicht erinnern, wo es war – irgendwo auf einem Bahnhof – aber wo? Der Eindruck, den Arthur hinterließ, war, dass sie vielleicht zu ihm kommen würde, und das betörte seine Angst für ein paar Tage, ließ ihn bei jedem seltsamen Geräusch zittern und Tag und Nacht auf ihre Ankunft warten – die nie kam. Diese letzte Prüfung hat ihm das Ende bereitet, der arme Kerl! Es ruinierte seine Chance auf Schlaf, so dass seine Nächte und Tage gleichermaßen zur Qual für ihn wurden. Und die Bewährung dauerte mehr als einen Monat, nachdem er erfahren hatte, dass Nancy Underhayes verlassen hatte – einen Monat –, der sich wie ein Jahrhundert anfühlte. Es war schon weit im November, als er endlich von seinem Posten entlassen wurde und die Heimreise antreten konnte. Für Zuhause! Wo war das, fragte er sich traurig? Konnte es für ihn jetzt irgendwo existieren, außer dort, wo sie war, die ein Teil von ihm war, die jetzt niemanden außer sich selbst hatte und die, indem sie die letzte materielle Bindung zwischen ihnen ablehnte, das kranke Herz zurückgeholt hatte, das zu flattern begonnen hatte? nach unten. Aber nie, nie wieder konnte er in diese angeekelte und müde Gedankenuntreue zurückfallen. Sein Stolz und seine wieder auflebende Zuneigung hatten ihn die ganze Zeit davon abgehalten, seiner Familie seine Sorge mitzuteilen. Sie kannten Nancy nicht so wie er, sie würden nicht so über sie denken, das war sicher. Ihr Stolz würde durch die Vorstellung, dass Armut oder Not über sie hereinbrachen, verletzt werden, aber ihre Herzen berührten sich nicht. Wenn sie zufällig von ihr hören würden, dass sie vielleicht für das tägliche Brot arbeitet, eine arme Näherin, eine ärmere Lehrerin, würden sie sie nicht für edel, sondern für unedel halten, als würde sie von Torheit dazu getrieben, nicht von stolzer Unabhängigkeit gezwungen. Er würde ihnen nichts sagen. Er ließ sie nicht einmal wissen, dass er zurückkommen würde. Ob er nach Oakley ging oder nicht, hing von vielen anderen Dingen ab, und er war voller unbewusster Grausamkeit, die aus Voreingenommenheit und teilweiser Gleichgültigkeit entspringt. Er dachte nicht an die Gefühle seines Vaters und seiner Mutter, wenn sie hörten, dass er in England war, aber er war so weit von ihnen entfernt, als wäre er noch in Wien. Was waren sie im Vergleich zu Nancy? Nancy, die jung, arm, einsam, ohne Vormund oder Helfer war. Alle Väter und Mütter der Welt waren nichts im Vergleich zu ihr. Für die Väter und Mütter ist das keine erfreuliche Überlegung; aber dennoch war es wahr.

Ein paar Tage gingen zwangsläufig durch die Reise verloren; Und was gibt es Schöneres als die lange, erzwungene Abgeschiedenheit eines Eisenbahnwaggons, die einen völlig in sich selbst einschließt, während die langen Reihen von Land, Ebene und Hügeln vorbeiziehen und all die Hektik und Hektik draußen nichts anderes tun, als die wirbelnde Stille zu erzeugen die Kiste, in der du eingeschlossen bist, vollständiger – um Ängste zu stillen und alle beunruhigenden Gedanken zu hegen? Die bloße Gewissheit, dass er sich seinen Ängsten nicht ergeben dürfe, hatte ihm eine gewisse Selbstbeherrschung verliehen, solange er in Wien blieb, das ihn nun ganz im Stich ließ. Als er London erreichte, war sein Geist im Fieber. Es war spät in der Nacht, und das Einzige, was er tun konnte, war, sich in ein Taxi zu stürzen und zu Durants Gemächern im Tempel zu fahren, wo ihn die Information in all dem Trubel seiner fieberhaften Gedanken plötzlich zum Stillstand brachte dass Durant nicht in London war und mit den Geschäften der Kommission beschäftigt war, in die er berufen worden war. Er hatte noch nicht einmal von diesem Auftrag gehört; denn Lewis hatte gezögert, über die vielen Ereignisse zu schreiben, die sich in letzter Zeit ereignet hatten, da er nicht wusste, was sein Freund von seiner eigenen halb genehmigten Verlobung halten würde oder ob es nicht das Beste wäre, wenn Nancy einen ungestörten Moment hätte, um sich mit der Sache auseinanderzusetzen Familie in Oakley. Dies hatte Durant länger zum Schweigen gebracht, als es vielleicht recht freundlich war; aber wie es das Schicksal wollte, hatte er sich endlich ein Herz gefasst und Arthur an genau dem Tag geschrieben, an dem Arthur Wien verlassen hatte; und der Brief, der so viele Informationen gegeben hätte, kam in der einen Hauptstadt an, genau wie die Person, an die er gerichtet war, in der anderen ankam. Er war zutiefst enttäuscht über Durants Abwesenheit. In der Verwirrung seiner Gedanken kam es ihm wie ein Verbrechen vor. Was bedeutete ein öffentlicher Auftrag auf der Welt für den Auftrag, der das Glück seines Freundes beeinflusste, die Hilfe einer Frau, die diesem Freund mehr bedeutete als alles andere auf der Welt? Selbst mit der unschuldigen Wäscherin, die seine Fragen beantwortete, konnte Arthur seine Geduld kaum bewahren. Er ging in das Zimmer seines Freundes und fand dort seinen eigenen Brief, in dem er seine Ankunft ankündigte, der nur wenige Stunden vor ihm angekommen war und den er heftig in hundert Stücke riss. Aber all seine Wut und Heftigkeit konnten ihm nichts nützen. Er war gezwungen wegzugehen, in ein Hotel zu gehen und in völliger Unmöglichkeit, etwas zu tun, zu essen und zu schlafen, was ihn vielleicht vor einem Fieber bewahrte. Das war alles, was an diesem Abend getan werden konnte.

KAPITEL XII.

zu wissen, was die Menschen in Ihrer Umgebung nicht wissen – etwas geheim zu halten, das sie über alle Maßen interessieren und ihr Verhalten beeinflussen würde; Aber was Sie in Ihrer überlegenen Weisheit glauben, es wäre besser, wenn sie es nicht wissen sollten – dies bedeutet, eine sehr schwierige Rolle zu spielen, eine der schwierigsten im Leben. Und wenn Sie es unternehmen, ohne über die notwendigen Eigenschaften der Zurückhaltung und Selbstbeherrschung zu verfügen, im Gegenteil mit allen Gewohnheiten eines unschuldigen Lebens, den Traditionen der familiären Offenheit und der gegenseitigen Kommunikation von allem, ob groß oder klein; Und wenn Sie zu all diesen Schwierigkeiten noch die Gewohnheit haben, mit einer anderen engen Gefährtin zusammenzuleben, als ob Sie und sie nur eine Seele besäßen, kann man sich vorstellen, wie schwer die Aufgabe sein wird. Genau das hatte sich Lucy Curtis vorgenommen. Sie hatte keine Ahnung, wie schwer es war, als sie es unternahm. In einem Glanz entschlossener Großzügigkeit und guten Willens gegenüber der Frau, auf die sie in ihrem tiefsten Inneren eifersüchtig war, weil sie Respekt und Aufmerksamkeit erhielt, auf die sie kein Recht hatte, hatte sie diese Herkulesaufgabe auf ihre Schulter genommen – und jetzt würde sie es nicht tun davor zurückschrecken; aber es war unglaublich schwer, es auszuführen. Hundertmal am Tag zitterte der Name Nancy auf ihren Lippen. Bei dem Gespräch zwischen ihrer Mutter und ihr ging es nicht so sehr ums Reden, sondern vielmehr um lautes Denken. Alles war ihnen gemeinsam, ihre Gedanken, die Ereignisse ihres Lebens, ihre Lektüre, ihre Spekulationen – sie taten alles *zu zweit* , was nicht einmal Mann und Frau tun können, was vielleicht nur Mutter und Tochter jemals gelingt. Die charakterlichen Unterschiede zwischen ihnen, der Unterschied zwischen Lady Curtis' Erfahrungen und jenen Berührungen der Welt, die in fast fünfzig Lebensjahren unweigerlich den Charakter verändern, und Lucys jugendliche Gewissheit – ihre stärkeren Überzeugungen und absoluteren Wahrnehmungen von Gut und Böse – diese verliehen ihren Äußerungen die nötige Individualität. Aber zwischen den beiden hatte es nie irgendwelche Reserven gegeben.

Als Lucy sich entschloss, Durants Andeutung von Nancys naher Anwesenheit für sich zu behalten, nahm sie eine Bürde auf sich, für die ihre Kräfte kaum ausreichten. Um es zu ertragen, sagte sie sich, dass sie zu diesem Thema noch keine Gewissheit hatte – dass sie nicht sicher war, ob die Frau, die Durant gesehen hatte, Mrs. Arthur war; und dass sie selbst, nachdem sie die Frau ihres Bruders einmal gesehen hatte, sie jetzt nicht erkannte, obwohl hundert Umstände sie zu der Annahme zwangen, dass sie es war. Nein, sagte sie sich, sie hatte keine rechtliche Berechtigung, keine Gewissheit, die stark genug war, um sie zu rechtfertigen, die Gedanken ihrer Eltern durch eine Vermutung zu stören, die sich vielleicht als falsch herausstellen könnte. Es würde ihren Geist stark verwirren. Ihre freundliche Voreingenommenheit gegenüber dem Fremden war nicht stark genug, um eine solche Unterbrechung zu ertragen, und sie würden völlig ratlos sein, was sie tun sollten; was Arthur von ihnen erwarten würde; was unter den schmerzhaften Umständen am zweckmäßigsten wäre. Wenn bekannt war, dass Nancy Arthurs Frau war, konnte sie ohne Zustimmung von Arthurs Familie nicht dort bleiben; und wie konnten sie sie in ihre Arme schließen, wenn sie es war, die sich von ihrem Mann getrennt hatte, ihn von ihr wegschickte und sein Leben ruinierte? Sie konnte nicht im Widerspruch zu ihrem Mann stehen und in Freundschaft mit seinem Vater und seiner Mutter leben – von ihm getrennt, aber von ihnen aufgenommen. Nein, das war unmöglich; und als niemand wusste, ob es Nancy war! Es könnte eine ganz andere Person sein, die Lewis gesehen hatte – es könnte jemand aus Oakenden, der nächstgelegenen Stadt, sein, der für diesen Tag vorbeikam. Es könnte sich um die Frau des Geistlichen der nächsten Gemeinde handeln, die junge Mrs. Brown, die kürzlich verheiratet war und in der Nachbarschaft kaum bekannt war. Es könnte sein – ein halbes Dutzend Leute – warum sollte es Mrs. Arthur von Wren Cottage sein? Wenn es sich tatsächlich um Nancy handelte, die Frau von Arthur Curtis, wäre es dann überhaupt wahrscheinlich, dass sie eine so durchsichtige Verkleidung angenommen hätte? All diese Argumente überlegte Lucy, da sie das Gefühl hatte, dass sie zwecklos seien. Sie zweifelte nicht daran, dass Mrs. Arthur at the Cottage ihre Schwägerin war und dass Lewis sie gesehen hatte und dass sie vor ihm geflohen war. Aber das waren einfach ihre eigenen Ideen, mehr nicht; Und selbst wenn es sich um Tatsachen handelte und sich als wahr erwies, welchen Zweck konnte es haben, es ihrer Mutter zu sagen – war es nicht besser, abzuwarten, abzuwarten, was passieren könnte, und den Ereignissen ihren Lauf zu lassen? Aber oh! Wie schwer – wie viel schwieriger, als irgendjemand hätte ahnen können!

Lady Curtis ihrerseits trauerte insgeheim um ihr Kind. Sie hat keine Beschwerde eingereicht; Sie argumentierte in der Tat gegen den Schmerz, den sie empfand, und sagte sich, dass es natürlich sei, dass Lucy beschäftigt sei, weniger frei reden sollte, wenn sie zusammensaßen, und dass sie ihrer Mutter weniger zu sagen haben sollte. Hatte sie jetzt nicht einen anderen, für den sie all die Ausflüsse des Herzens aufsparen würde, die einzig ihrer Mutter gehört hatten? Sie war, das wusste sie und gestand sich demütig, lächerlicherweise bereit, verwundet zu werden, und fühlte den kleinsten kleinen bewusstlosen Stich von denen, die sie liebte; aber sie muss gerecht zu Lucy sein. An Lucy fehlte nichts, was sich eine vernünftige Mutter wünschen könnte; Aber nur die beiden waren einander völlig ergeben gewesen, und Lady Curtis hatte das Gefühl, dass sie für Lucy nicht mehr alles in allem bedeutete. Zwischen ihnen herrschte langes Schweigen, während sie an ihren Mannschaften arbeitete, und Lucy ging den vielfältigen Beschäftigungen eines Nachmittags einer jungen Dame nach, einer jungen Dame, die Pfarrherrin ist und viele kleine, aber wichtige öffentliche Angelegenheiten zu erledigen hat. Dieses Schweigen führte Lady Curtis zu Durants Bericht und spürte, wie in ihrem Geist etwas wuchs, das ganz anders war als ihre frühere Zuneigung zu Lewis, die sie mit aller Kraft zu unterdrücken versuchte, ohne dass es ihr leicht fiel. Es war natürlich und sie musste gerecht sein; Dabei war es die ganze Zeit nicht Lewis, der die Schuld trug. Glücklicherweise wusste Lucy selbst nicht einmal, dass ihre Mutter ihr verlegenes Selbstbewusstsein entdeckt hatte, und hatte nicht die geringste Ahnung, dass es auf Lewis zurückzuführen war. Und so begann zwischen ihnen ein kleines Etwas zu atmen, das nicht einmal eine Wolke, ein Nebel am klaren Himmel, ein fantastischer Dunst, sondern ein Vorbote von Sturm und Dunkelheit war . Sie waren voneinander enttäuscht; Irgendwie schien die Sympathie zwischen ihnen zu schwinden. War ihre Mutter *übertrieben* , fragte sich Lucy – sogar – ein schmerzhaftes Wort – eifersüchtig? Es lag daran, dass Lucy jemand anderen liebte, dass sie für ihr Kind nicht mehr das Wichtigste war, dachte die Mutter; und Tatsache war, dass beides Unrecht hatte, dass es weder Eifersucht auf der einen Seite noch Desertion auf der anderen Seite war, sondern Nancy – nichts als ein Geheimnis, das unschuldigste aller Geheimnisse und das gutgemeinteste, das Unrecht tat.

Und je mehr sie über dieses Thema nachdachte und je klarer es für Lucy wurde, dass sie ihre Entdeckung nicht verraten durfte, desto neugieriger wurde sie auf den Zweck des Ganzen. Kein Gemeindetag verging, an dem sie Mrs. Arthur nicht einen Besuch abstattete. Dies war nicht immer erfolgreich, da Mrs. Arthur, wie Lucy dachte, oft darauf aus war, ihr aus dem Weg zu gehen; aber bei diesen Gelegenheiten redete sie mit der Schwester, deren Namen niemand kannte. Lucy nannte sie mit einem scharfen, prüfenden Blick Miss Arthur und erkannte an Matildas kleinem Aufschrecken und ihrem plötzlichen Blick, als wollte sie ihr widersprechen, dass dies nicht ihr Name war; Doch nach kurzem Überlegen überlegte sie es sich anders und erlaubte sich, für den Rest des Interviews „Miss Arthur" genannt zu werden. Und Lucy hatte keine Schwierigkeiten, Matilda alle Einzelheiten ihrer Familiengeschichte zu entlocken, die Nancy nicht berührten. Wie ihre Eltern tot waren, wie ihr einziger Bruder nach Neuseeland gegangen war; und Matilda verbarg nicht, dass sie hoffte, Charley zu folgen, und tatsächlich war sie in dieser Absicht mit all den Hemden beschäftigt, an denen Lucy sie arbeiten sah.

„Es wird eine lange Reise sein", sagte Matilda, „und man braucht einen großen Vorrat."

„Aber wird deine Schwester auch gehen?"

"Meine Schwester? Ich habe zwei Schwestern, Miss Curtis. Man ist dort, wo wir früher lebten, sehr gut verheiratet. Ich habe sie sagen hören, dass es ihnen nichts ausmachen würde, wenn Charley sehr gut abschneiden würde und es eine gute Eröffnung gäbe; denn was ist Neuseeland heute? – nicht viel weiter als Frankreich früher, sagte Vater immer gern."

„Aber ich meinte hier Ihre Schwester, Mrs. Arthur. Wird es für sie nicht sehr traurig sein, wenn du weggehst?"

„Oh, meine Schwester, Frau Arthur! Sie ist ganz anders als der Rest von uns; Bei ihr ist es nicht so wie bei uns anderen. Ich kann es nicht auf mich nehmen, zu sagen, was sie tun wird."

Während dieses Gespräch stattfand, traf Lady Curtis, die die Allee entlanggegangen war, um nach Lucy zu suchen, Mrs. Arthur, die über den Zaunübertritt kam, und blieb stehen, um mit ihr zu sprechen.

„Wie ich sehe, hast du wieder ein paar schöne Blätter bekommen; Wirst du sie zeichnen? Du musst ein ziemliches Genie für Kunstwerke sein."

„Oh nein, kein Genie für irgendetwas", sagte Nancy mit den schnellen Rötungen plötzlicher Veränderung, die über ihr Gesicht liefen, die Lady Curtis immer hervorrief. Sie fühlte sich wohler, wenn niemand zusah. Sie hatte das Gefühl, dass von ihr erwartet werden musste, dass sie sich bei Lady Curtis „anbiederte", wenn eine dritte Person anwesend war. „Kein Genie; Es hat mich immer ruiniert, dass ich so dumm bin", sagte Nancy mit ernster Miene, die in Verbindung mit solchen Worten sehr pikant und amüsant wirkte.

„Dein Ruin, mein Lieber? Ich hoffe, dass Sie sowieso noch lange nicht ruiniert sind; und ich glaube nicht, dass es dazu kommen könnte", sagte Lady Curtis lächelnd.

"Ah!" sagte Nancy und seufzte mit ganzem Herzen über ihre roten Lippen, „niemand kann die Probleme eines anderen erkennen. Ich hatte viele; aber sie sind alle gekommen, weil ich so dumm war; obwohl ich, nachdem ich etwas Falsches gesagt habe, immer das Gefühl habe, dass es falsch ist, und weiß, was ich hätte sagen sollen; aber dann ist es zu spät, es macht es nur noch schlimmer", hauchte sie mit einem langen Seufzer.

„Nun", sagte Lady Curtis und lächelte immer noch, „ich weiß nicht, welche falschen Dinge Sie getan haben; aber das ist das Beste, was dir passieren kann, denn du wirst beim nächsten Mal daran denken, nicht das Falsche, sondern das Richtige zu sagen."

"Ah!" sagte Nancy noch einmal mit großen ernsten Augen; „Aber genau das kann ich nicht lernen! Es ist keine Schlechtigkeit, es ist Dummheit. Ich mache die gleichen Fehler und begehe die gleichen Fehler und spreche, was ich nicht sagen sollte."

"Armes Mädchen!" sagte Lady Curtis, berührt von den Tränen, die flossen, während Mrs. Arthur sprach. „Das ist eine traurige Erfahrung für Sie. Ich hoffe, es ist nicht so ernst, wie Sie zu denken scheinen. Ich bin viel älter als du", fuhr sie fort, noch berührter, als eine große Träne fiel und sich wie ein kleiner Ozean an Nancys schwarzem Ärmel festhielt, „und wenn ich dir helfen oder dir einen Rat geben kann, dann sollte ich das tun mach das gern. Unsere Erfahrung ist nicht viel wert, wenn wir nicht jüngeren Menschen damit helfen können; und obwohl ich dich nicht kenne, interessiere ich mich für dich."

„Oh, du bist nett, sehr nett", rief Nancy und eine strahlende Röte huschte über ihr Gesicht. „Ich hätte nie gedacht, dass jemand so freundlich sein könnte; aber meine Sorgen sind alle meine eigene Schuld", fügte sie schnell hinzu; „Und das Schlimmste ist, ich kann nichts tun. Nein, niemand konnte etwas tun. Meinten Sie wirklich, dass Ihnen das Muster gefallen würde? — diese armen natürlichen Dinge?" In ihren Augen lag ein wehmütiger Ausdruck, aber sie versuchte zu lachen und schüttelte die Tränen ab. „Sie scheinen die Aufmerksamkeit einer Dame wie dir nicht wert zu sein."

„Ich fürchte, Sie sind eine kleine Gans", sagte Lady Curtis und tätschelte Nancys Hand mit ihrer eigenen. Nur so konnte sie das Mitgefühl zeigen, das so warm in ihr aufstieg, dass sie kaum sagen konnte, warum. „Die Natur ist die Aufmerksamkeit einer Königin genauso wert wie die eines Bettlers. Und ja, tatsächlich würde mir das Muster gefallen. Schaffst du es wirklich für mich? Aber Sie müssen in die Halle kommen und meine Arbeit sehen; und Sir John möchte Sie unbedingt kennenlernen. Du warst es nicht, der ihm das Tor geöffnet hat?"

"Ja." Eine weitere lebhafte Röte bedeckte Nancys Gesicht; Sie wurde immer hübscher, während sie so lebhaft wurde und von einem Gefühl zum anderen schwankte. Diesmal schien es nur Vergnügen zu sein, es wärmte sie am ganzen Körper und ließ ihr Gesicht strahlen.

„Seitdem hat er nur noch von dir geschwärmt. Ich werde eifersüchtig sein, wenn es dir nichts ausmacht. Kommst du morgen?"

„Morgen nicht", sagte Nancy und ihr Gesicht veränderte sich wie ein Sonnenuntergangshimmel. „Oh, Lady Curtis, Sie sind zu gut zu mir. Du kennst mich nicht —"

"Nein nicht viel; aber alles muss einen Anfang haben", sagte die gnädige Dame. „Wir müssen uns auf einen Tag einigen. Wenn nicht morgen, dann sei es Samstag. Das gibt Ihnen vier Tage Zeit, um sich zu entscheiden. Du musst früh zum Mittagessen kommen, und Lucy und ich zeigen dir alles, was es zu sehen gibt. Wenn du Lucy triffst, sagst du ihr bitte, dass ich langsam die Allee hinaufgehe und auf sie warte. Sie sollte jetzt auf dem Heimweg sein."

Nancy ging mit einem Kopf voller Aufregung und hundert widersprüchlichen Gedanken davon. An der Ecke der Dorfstraße traf sie Lucy, die sie mit forschenden Augen ansah. Mit wem hat sie gesprochen, damit sie so strahlend und doch so aufgeregt aussieht? fragte sich Lucy. Es konnte doch nicht Bertie sein, der erst vor Kurzem verstorben war? Plötzlich stieg in Lucys Kopf die Eifersucht eines Tigers auf. Wenn dieses Mädchen hierher kam, um die Familie zu versöhnen, sah es vor ihren Augen so aus , wegen der Bewunderung eines anderen Mannes!

„Miss Curtis, ich habe gerade …" (Nancy sagte nicht gern „Ihre Mutter", das kam ihr zu bekannt vor; und Ihre Ladyschaft ähnelte, wie Matilda sagte, zu sehr einer Dienerin) „Lady Curtis. Sie sagte, ich solle Ihnen sagen, dass sie in der Allee auf Sie wartete. Sie ist sehr nett", sagte Nancy mit einem leicht ansprechenden Blick. „Sie sagte, ich solle in die Halle kommen. Meint sie wirklich, dass ich komme, Miss Curtis? Du wirst mir die Wahrheit sagen."

„Glaubst du, meine Mutter sagt, was sie nicht meint?" rief Lucy, selbst halb berührt, halb wütend; denn sie hatte jetzt das Gefühl, dass sie dieses Mädchen, dessen Geheimnis sie allein kannte, nicht mögen wollte – und dennoch bestand die Gefahr, dass sie dazu gebracht werden könnte, sie zu mögen. Die Kreatur sah wunderschön aus, irgendetwas hatte sie inspiriert. Sie hatte noch nie zuvor so schön ausgesehen. „Natürlich will sie, dass du kommst, was könntest du auch anders denken?"

„Das wusste ich nicht – die Leute waren so nett", sagte Nancy mit sehr leiser Stimme. Dann blickte sie Lucy an, halb wehmütig, halb misstrauisch. Lucy war nicht wie die anderen, in ihr herrschte eine Mischung von Gefühlen, die es bei den anderen nicht gab, eine Gefühlskomplikation, die Nancy erahnte, obwohl sie nicht hätte sagen können, wie. „Ich komme, wenn du es sagst", sagte sie.

„Dann komm", sagte Lucy und streckte mit einer plötzlichen Bewegung ihre Hand aus. "Und auf Wiedersehen. Ich muss rennen, wenn meine Mutter auf mich wartet …" Sie eilte auch aus anderen Gründen davon. Es schien ihr, als müsste sie etwas sagen, ihr Wissen preisgeben, Nancy ermutigen, die Gunst ihres Vaters und ihrer Mutter zu gewinnen, wenn sie noch einen Moment länger verweilte. „Liegt es daran, dass sie so hübsch ist?" Lucy fragte sich; „Wenn ich vielleicht ein Gentleman wäre!" Tatsächlich sind Frauen absurderweise diesem Schönheitszauber ausgesetzt; aber man hat uns beigebracht zu denken, dass dem nicht so sei, und die meisten Menschen glauben so, wie man es ihnen beibringt; Also vermutete Lucy, dass es etwas anderes gewesen sein musste, das sie bewegte und sie plötzlich ihre

Vorurteile vergessen ließ. Sie eilte ihrer Mutter nach, die noch immer in der Allee herumlungerte. Es war noch früher Nachmittag, aber der kurze Wintertag ging bereits zu Ende.

„Sie sind zu spät", sagte Lady Curtis, als sie heraufkam. „Ich dachte, da es so bald dunkel wird, würde ich dich treffen." Dies war eine der vielen kleinen, erbärmlichen Ergänzungen zu ihrer gewöhnlichen zärtlichen Art, die Lady Curtis teilweise unbewusst vornahm, um ihr Kind zu versöhnen.

„Danke, Mama. Ich habe Mrs. Arthur getroffen und sie hat mir erzählt, dass Sie hier sind."

„Ja, ich habe sie auch getroffen; wie hübsch sie ist! und sie hat mir so neugierige, hübsche Reden gehalten. Ist es Demut, ist es Stolz? Ich kann es nicht verstehen. Ich denke, diese junge Frau muss eine Geschichte haben."

„Ich nehme an, die meisten Leute haben das getan", sagte Lucy.

„Sie wissen, was ich meine", sagte Lady Curtis. „Sie fing an, mir von ihren Fehlern zu erzählen, das arme Ding, *àpropos de bottes* . Es war völlig unangebracht – aber Selbstvertrauen, wer immer es auch gibt, ist immer rührend. Ich nehme an, es fühlt sich wie ein Kompliment an. Es ist immer eine Freude, wenn Menschen einem vertrauen." Dabei drückte sie leicht sanft auf den Arm ihrer Tochter. Lucy spürte es, verstand es aber völlig natürlich falsch. Es empfand die allerleisesten, zärtlichsten Vorwürfe für etwas, das ihm vorenthalten wurde; Aber Lucy verstand eines, und Lady Curtis meinte etwas ganz anderes. Deshalb kamen sie nun zu einer, wenn auch immer noch falschen, Einigung. „Wenn ich dir jemals etwas vorenthalte, Mama", rief sie, „dann nur, weil – weil –"

„Mein Liebling", sagte die Mutter und hielt den Arm ihres Kindes fest in ihrem eigenen. „Glaubst du, ich verstehe es nicht?" und sie seufzte leicht.

Was hat sie verstanden oder nicht verstanden? Lucy war völlig verwirrt; und dann fingen sie an, über andere Dinge zu reden; der Gemeinde und wie viele Flanellunterröcke und Deckenpaare zu Weihnachten bestellt werden sollten; und über die kleine Kochschule, die Lucys derzeitiges Hobby war – wie schön Annie Bird, das Modelmädchen, die Suppe für die Kranken zubereitete; und dann wechselten sie davon ab – fragten sich, wann Arthurs nächster Brief kommen würde, und sagten einander, dass ihnen der Ton des letzten nicht gefiel. Armer Arthur! Wäre es möglich, ihn zu Weihnachten zu Hause zu haben? Sicherlich sagte Lady Curtis, dass er wegen seiner schrecklichen Frau nicht die Absicht hatte, England dauerhaft fernzubleiben. Für seine eigene Familie, die ihn liebte, wäre das in der Tat hart. Und so schlenderten sie betörend die dunkle Allee hinauf, ihre Gesichter den Lichtern ihrer Heimat zugewandt. Ach, wenn Arthur nur nach Hause käme! Dort würde er zumindest nichts als Zärtlichkeit finden, kein Wort, das ihn verärgern könnte, der arme Kerl! nichts, was ihn an die Frau erinnern könnte, die sein Leben zu einer Verschwendung und Wildnis gemacht hatte.

Während ihre Mutter so redete, konnte man annehmen, wie Lucy zitterte — so sehr, dass Lady Curtis es schließlich bemerkte und erschrocken fragte, was los sei. Glaubte sie, sie hätte sich eine Erkältung zugezogen? Fühlte sie sich krank? Nein, sagte Lucy und eilte weiter, sie habe sich keine Erkältung zugezogen; aber ihr war kalt, sie hatte es den ganzen Nachmittag gespürt; und dann eilte Lady Curtis sie in die warme Glut des Morgenzimmers und zum warmen Tee, den Sir John fast sofort, als sie drinnen waren, hereinkam, um ihn zu teilen. Er meinte, dass es auch sehr kalt sei, ein passendes Wetter, um Weihnachten anzukündigen; Dann hörte er die kleinen Neuigkeiten. Er freute sich, von Annie Birds Geschick bei der Zubereitung der Suppe zu hören, und noch mehr freute er sich, dass die Dame vom Tor, die hübsche Fremde, am Samstag kommen würde. Die eine Tatsache war in den Augen des alten Mannes nicht viel wichtiger als die andere.

KAPITEL XIII.

N ANCY ging sehr schnell die Dorfstraße entlang; die rotbraunen Blätter fielen von ihren Händen; sie hatte sie vergessen; Ihr Geist war voller Aufregung und ihre Augen voller Licht und Leben. Wenn Arthur sie in diesem Moment hätte sehen können, er, der gerade in England ankam, voller ängstlicher Gedanken über sie, der dachte, sie sei vielleicht in Not, sicherlich in Armut, und sie kämpfte gegen das widrige Schicksal, er hätte seine Frau kaum kennengelernt . Noch nie in der ganzen Zeit, in der er sie kannte, hatte Nancy so strahlend vital und tatsächlich glücklich ausgesehen. Sie war in gewisser Weise glücklich, glücklich in der Aufregung des Lebens, die in ihrem Kopf herrschte, in dem Gefühl eines Notfalls, der all ihre Kräfte zum Einsatz bringen würde, und in dem potenziellen Bewusstsein einer aktiven Existenz, die manchmal sogar besser ist als Glück. Alle ihre Fähigkeiten waren auf Hochtouren, ihr Geist war mit Plänen und Gedanken beschäftigt. Sie hatte etwas zu erleben, was selbst die mutigste Frau unter ihren Umständen zum Wanken gebracht hätte; Aber es belastete nur ihre Nerven und ließ sie die Kraft in ihr bis in die Fingerspitzen spüren. Unbesonnen, impulsiv, hitzköpfig war sie, wie sie es immer gewesen war, aber der Reiz und die Wendung des unglücklichen Stolzes, der falschen Stellung, der bewussten Ignoranz und Minderwertigkeit und des Kampfes um Selbstbehauptung waren verschwunden. Sie ging schnell das Dorf hinauf, zwischen den Reihen der Hütten hindurch, deren kleine Lampen angezündet waren, und an dem Schein vorbei, den Mrs. Rolts Fenster in den Abend warf. Der Rektor und der Doktor wollten an diesem Abend mit Cousine Julia speisen, und der Tisch war bereits gedeckt und zeigte den Zuschauern draußen, die ihn wirklich sehr schön fanden, seine bescheidene Größe offen. Mrs. Rolt hatte Nancy zu diesem Abendessen eingeladen, und obwohl sie sich geweigert hatte, dorthin zu gehen, warf sie einen Blick durch die Drahtjalousien auf den beleuchteten Innenraum und den gedeckten Tisch, mit dem angenehmen Bewusstsein, dass sie hätte dort sein können, wenn sie gewollt hätte. Und dann ging sie hinüber zum Wren Cottage, wo Matilda, vorsichtiger als Mrs. Rolt, die Jalousien heruntergelassen hatte, als sie die Lampe anzündete. Sie saß wie gewöhnlich in ihrem Hemd; aber sie fühlte sich nicht so wohl wie sonst, denn sie hatte sich dazu verleiten lassen, Miss Curtis viel über die Familie zu erzählen, und hatte den Namen Underhayes und den Namen Nancy erwähnt – alles Dinge, die im Kodex privater Anweisungen vorgesehen waren Als sie hierherkam, galten sie als Kapitalverbrechen. Aber Matilda fühlte sich nicht berufen, diese Fehler offenzulegen. Sie war jedoch „gesprächig und unversöhnlich" und sehr bereit, von den Begegnungen zu hören, die Nancy möglicherweise hatte, und mit Vorbehalten einen eigenen Bericht zu erstatten. Nancy kam herein und öffnete die Tür, die sich von außen harmlos öffnete, wie es in den meisten ländlichen Orten üblich ist. Sie warf sich auf den ersten Stuhl, zu dem sie kam, und legte ihre Blätter („ekliger nasser Müll, genug, um ihr den Tod vor Kälte zu bescheren") auf den Tisch, auf dem Matilda bereits saß, obwohl es noch zu früh dafür war. doch der Fröhlichkeit halber hatte er den Tee hingestellt. Und dann schaute Nancy direkt in die Lampe, mit Augen, die so viel Licht auszustrahlen schienen, so strahlend, so strahlend, dass Matilda, obwohl sie so vertraut mit ihnen war, überrascht war.

„Wie kannst du so ins Licht starren, Nancy?" Sie sagte: „Du wirst deine Augen ruinieren."

"Soll ich? es tut ihnen nicht weh."

„Es ist sehr schön, das jetzt zu sagen; aber warte, bis du älter bist. Mutter sagte immer, es sei nichts so Schlimmes. Ah, Nancy, du hast die Dinge selbst in die Hand genommen – die Regeln der lieben alten Mutter zählen jetzt nicht mehr viel."

„Das tun sie tatsächlich", rief Nancy mit plötzlichen Tränen; „In der Tat tun sie es und werden es tun, was auch immer passiert! Ich bin nicht untreu. Diejenigen, die ich liebe, wenn ich sie einmal liebe, liebe ich sie für immer – tot oder lebendig."

"Ah!" sagte Matilda mit einem fragenden Unterton in ihrer Stimme. Es war nicht klar, woran sie dachte; aber Nancys hitziges Temperament und ihr unruhiger Geist ahnten es sofort.

„Du meinst Arthur? Na dann, und das meine ich auch so. Trotzdem tue ich es. Ich habe es vielleicht nicht immer nur gezeigt, aber ich meine es ernst und werde es auch tun, wenn ich hundert Jahre leben sollte."

„Ich wundere mich über dich, Nancy! Warum schreibst du dann nicht und sagst es ihm? Ich wusste bis zu diesem Moment nie, ob du es getan hast oder nicht – und es sah viel eher danach aus, als hättest du es nicht getan. Er dachte es, da bin ich mir sicher."

„Könnte ich Ihnen den Sinn zum Sehen geben, entweder für ihn oder für Sie?" rief Nancy mit rascher Verachtung. Sie wusste nicht, dass Dr. Johnson es für unmöglich erklärt hatte, Verständnis zu vermitteln. Und dann warf sie mit einer plötzlichen, feinen Geste die Arme hoch, warf die rotbraunen Winterblätter herunter und schüttelte den Teetisch mit seiner Ladung. „Oh, was soll ich tun?" Sie schrie: „Was soll ich tun? Ich gehe am Samstag in die Halle; sie wollen, dass ich gehe, sie alle haben mich gebeten, zu gehen; und Lady Curtis hat mich angerufen, meine Liebe. Aber sie wusste nicht, wer ich war. Und ich täusche sie, Matty. Es ist dasselbe, als würde man lügen. „Ich habe sehr viele böse Dinge getan", sagte Nancy, „aber ich habe nie gelogen."

Wie soll ich hingehen und mich an ihren Tisch setzen und ihnen ins Gesicht sehen, und die ganze Zeit wird es eine Lüge sein?"

„Was wird eine Lüge sein?" sagte die nüchterne Matilda. „Sie müssen nichts sagen, was nicht wahr ist. Es ist nicht so, als hätten Sie Ihren Namen geändert. Sie sind Mrs. Arthur, und Sie wären Mrs. Arthur, was auch immer passieren würde. Ich glaube, dass Miss Lucy etwas vermutet; Sie hat die Art, die Dinge so ruhig anzugehen, als ob nichts Neues für sie wäre. Und im schlimmsten Fall sind Sie ja nicht gezwungen zu gehen.

„Aber ich werde gehen", sagte Nancy mit blitzenden Augen. „Oh, einfach dort zu sein, alles zu sehen, zu wissen, wohin er mich gebracht hätte, wo ich vielleicht gelebt hätte, wenn ich nicht … gewesen wäre. Ich werde gehen! Ich habe mich dazu entschlossen. Sie hat mich angerufen, meine Liebe — habe ich dir gesagt, dass sie mich angerufen hat, meine Liebe? und sagte, der alte Sir John habe von mir geschwärmt; und flehte mich an, zu gehen. Die lebhafte Röte der Freude kehrte in Nancys Gesicht zurück, als sie sprach, und ihre Augen strahlten erneut, gegenüber der Lampe, wie rivalisierende, aber dennoch reflektierende Lichter. Ein vages Lächeln erschien auf ihrem Gesicht; Darin lag ein wenig Eitelkeit, freudige Zufriedenheit mit den Eroberungen, die sie gemacht hatte. Dann zog plötzlich eine Wolke darüber. „Aber es wird trotzdem Betrug sein, oh, es wird Betrug sein, Matty! Ich werde es nicht aufgeben; „Aber Sie können anfangen, die Kisten zu packen", sagte Nancy plötzlich. „Nachdem ich dort gewesen bin, muss ich ihnen alles erzählen und wir müssen weg."

"Geh weg! Ich glaube, du bist verrückt, Nancy. Wir haben gerade den zweiten Monat im Voraus bezahlt, und sie werden es nie zurückgeben; Und bedenken Sie, wie teuer es ist, mit so viel Gepäck zu reisen — alles, was wir auf der Welt haben. „Ich dachte", sagte Matilda gekränkt, „dass wir jetzt, wo wir hier sind, zumindest hier hätten bleiben sollen, bis etwas geklärt ist, bis Sie sich auf die eine oder andere Weise entschieden haben."

"Ich habe mich entschlossen. Als wir hierherkamen, hätte ich nie gedacht, dass sie uns bemerken würden. Warum hätten sie auf uns achten sollen — ein paar arme Mädchen in einem kleinen Häuschen, die niemanden kannten? Ich wollte nur sehen, was für Leute das sind, das war alles", sagte Nancy ernst. „Ich habe nie an etwas anderes gedacht. Warum hätten sie überhaupt an uns denken sollen? Wir waren ihnen ziemlich aus dem Weg gegangen."

„Nun", sagte Matilda, die hier offenbar eine gute Gelegenheit hatte, ihr eigenes überlegenes Urteilsvermögen unter Beweis zu stellen, „das lag daran, dass Sie dachten, sie seien keine sehr netten Leute. Sie haben sich über sie entschieden, bevor Sie sie kannten. Aber es *sind* nette Leute. Ich möchte nie eine freundlichere Dame sehen als ihre Ladyschaft."

„Matty, Liebes, ich will nicht böse sein; aber wenn Sie Lady Curtis sagen würden, nicht ihre Ladyschaft – denken Sie daran, dass sie meine Schwiegermutter ist."

Wieder einmal huschte diese lebhafte Röte über Nancys Gesicht, zu hell für alles andere als Vergnügen. Wie viel Verachtung, wie viel Trotz, welche Beleidigungsversuche hatte sie über Lady Curtis' Namen unternommen; aber Arthurs Mutter hatte sie meine Liebe genannt und sie freundlich mit sanften Augen angesehen; Und durch einen subtilen Prozess war es dazu gekommen, dass Nancy sich dieser sanftäugigen Dame mehr zugehörig fühlte als der guten, ehrlichen Matilda, die ihr so standhaft zur Seite gestanden hatte, die aber natürlich die Manieren ihrer Klasse bewahrte , was nicht mehr Nancys Klasse war.

"Zeug und Unsinn!" sagte Matilda. „Sie ist nicht *meine* Schwiegermutter. Sie ist sehr nett, aber sie ist mir um einiges überlegen; und ich werde respektvoll sprechen, was auch immer Sie denken. Es *sind* nette Leute, wie ich schon sagte. „Miss Lucy ist das, was ich eine perfekte Dame nenne." (Auch dies störte Nancys neugeborene Sorgfalt; aber sie wagte nicht anzudeuten, dass Miss Curtis korrekter sein würde) „Und als sie zwei junge Frauen allein sahen, wie Sie und ich, wurden sie natürlich aufmerksam. In ihrem eigenen Dorf sind solche Leute wie Könige und Königinnen", sagte Matilda; „Alles gehört ihnen. Es geht nicht darum, einfach nur besser dran zu sein. Ich verstehe das Gefühl selbst; Es ist wie das, was Mütter früher für die armen Leute im Hof hatten, um dafür zu sorgen, dass sie ganz normal weitermachten und ihre Kinder zur Schule schickten, und so weiter. Mutter war keine große Dame, aber sie war im Ort bekannt und nahm eine Aufgabe wie; und sie war eine gute Frau. Es gibt eine Art Ähnlichkeit zwischen guten Menschen", sagte Matilda und wandte den Kopf ab. Der Verlust der Mutter war noch frisch und ließ ihre Augen überraschend feucht werden, als sie von ihr sprachen; aber dieses Mal war Nancy zu beschäftigt, um auf die Anspielung einzugehen. Ihre eigenen Gedanken überschlugen sich und trübten ihre Wertschätzung für das, was ihre Schwester sagte; obwohl Matildas Ideen, wenn auch nicht brillant, oft die vernünftigsten von beiden waren.

„Ja", sagte Nancy nach einer Pause; „So muss es sein. Ich möchte diesen kleinen Ort nicht verlassen. Ich mag das; Ich glaube, ich mag das Land. Es mag langweilig sein, aber es ist schön."

„Sehr schön", sagte Matilda und blickte liebevoll auf ihr siebtes Hemd, während sie mit dem Beschneiden fertig war und es zusammenfaltete, wobei sie jede Falte mit kleinen, zufriedenen Bewegungen streichelte, „wenn man irgendetwas hat, mit dem man fertig werden möchte." Wenn wir in Underhayes geblieben wären, hätte ich mir doppelt so viel Zeit nehmen sollen, um meine Sachen zu erledigen."

„Aber wir müssen gehen", sagte Nancy und fuhr fort. „Wir wären vielleicht geblieben, wenn sie nichts davon bemerkt hätten, wenn wir uns verschlossen gehalten hätten und sie nicht gesehen hätten; aber es lässt sich jetzt nicht mehr ändern. Ich werde in die Halle gehen, nur um alles zu sehen. Lust, mit ihnen am Tisch zu sitzen und wie einer von ihnen zu sein! Es wird sich wie ein Traum anfühlen. Oh, ich muss, ich muss einfach einmal gehen! Sollte Arthur jemals wieder zurückkommen –"

„Natürlich wird Arthur wiederkommen. Wenn Sie ihnen sagen, wer Sie sind, wie Sie es versprechen, kommt Arthur als Erster; Und glaubst du, dass sich die Leute heutzutage verstecken können, wie sie es früher in den Märchenbüchern taten, Nancy? Du kannst weglaufen, so oft du willst, sie werden dich wiederhaben. Sie werden die Detektive hinter Ihnen herschicken. Diejenigen, die viel mehr Gründe haben, sich zu verstecken, als Sie, werden herausgefunden, und glauben Sie, dass Sie in Sicherheit bleiben können? Unsinn! Sagen Sie es ihnen einmal, und Sie werden bald zurückgeholt.

"Niemals!" rief Nancy. „Gegen meinen Willen, mit Detektiven, die hinter mir her sind? Ich werde zuerst mit dir nach Neuseeland oder irgendwohin gehen. Niemals! Es ist nicht der Zwang, der mich jemals festhalten wird."

„Ich glaube, es gibt nichts Dummes, was du nicht tun würdest, wenn es dazu käme", sagte Matilda und schüttelte den Kopf. Es war ein unkluger Vorschlag, den sie gemacht hatte; aber nach einer Weile beruhigte sich Nancy, sammelte ihre Blätter wieder ein und begann, sie wie üblich zu ordnen. Für diesen Blödsinn hatte sie den wunderschönen Kreide-Cartoon, den Matilda bewunderte, ganz aufgegeben. Wie albern es war, dachte ihre Schwester; Allerdings war in der Tat Ihre gnädige Frau schuld, die Nancy zu dieser unsinnigen Beschäftigung ermutigt hatte. „Was soll das alles nützen?" fragte sie schließlich mit einem Anflug von Sarkasmus in der Stimme. „Man kann es nicht einrahmen und an die Wand hängen, um einem Raum ein schönes Aussehen zu verleihen. Es ist nur Bauholz und sammelt Staub."

„Ich zeichne etwas für Lady Curtis zum Arbeiten", sagte Nancy mit einiger Feierlichkeit. „Wenn ich das erste Mal ins Haus gehe, werde ich etwas mitnehmen, *um es ihr zu geben* . Ich nehme an, Sie werden sagen, dass das auch albern ist, aber ich mache es gerne. *Sie* denkt, dass sie für etwas gut sind. Sie war ziemlich interessiert, wissen Sie. Habe ich dir gesagt, Matilda, dass sie mich angerufen hat, meine Liebe?"

„Oh ja, du hast es mir tatsächlich gesagt", sagte Matilda mit ein wenig Ungeduld, „dreimal." und sie stand auf, um das siebte Hemd zusammen mit den anderen wegzulegen. Es war mit ihrer eigenen Arbeit besetzt, hübsche kleine Muscheln im Knopflochstich gearbeitet, mit drei Löchern in jeder Kurve, sehr ordentlich und stark; und sie war gleichzeitig zufrieden mit dem

Gefühl einer erfolgreichen Produktion und eines persönlichen Eigentums. Sie tätschelte den kleinen Haufen noch einmal liebevoll, während sie ihn darauf legte. Sieben neue Hemden, von denen jeder einzelne Stich einer Inspektion gewachsen wäre! Matilda hatte das Gefühl, dass sie ein wenig stolz sein konnte. Sie setzte sich nicht wieder hin, um mit einem neuen zu beginnen, sondern stellte den Kessel auf, damit er bis zum vollkommenen Siedepunkt kochte, bevor sie den Tee zubereitete; und es war angenehm zu sehen, wie sie sich im angenehmen Feuerschein bewegte, ihr kräftiger und runder, aber gepflegter Mensch, gekleidet in ein schwarz-weißes Kleid, ihr braunes Haar glatt und glänzend. Matilda legte großen Wert auf die richtige Menge Krepp an ihrem Sonntagskleid, und Sie können sicher sein, dass sie ihre Trauer nicht einen Tag früher aufschieben würde, als es die strengste Regel erlaubte. Aber im Haus, mit all ihren kleinen häuslichen Beschäftigungen, hielt sie Schwarz und Weiß für das Beste. „Denn Krepp verschwindet, wenn man es sich ansieht, und Schwarz wird so schnell rostig“, sagte sie. Es wirkte natürlicher, heiterer und angenehmer, wenn das Feuer etwas zum Aufhellen hatte und ihm rötliche Farbtöne verleihen konnte; und es war angenehm zu sehen, wie sie den Tee kochte. Was für ein glücklicher Neuseeländer dieser Mann wäre, der Matilda mit all ihren hübsch geschnittenen Hemden zur Frau bekam!

Aber mit Nancy, arme Nancy! es war eine ganz andere Angelegenheit. Es ist eine voreilige Entscheidung, die Welt zu verlassen, in der man geboren wurde. Sie hatte es unabsichtlich getan und vehement geschworen, dass sich nichts an ihr ändern würde. Und wie hatte sie gegen alle Versuche des armen Arthur gekämpft! wie sie sich sozusagen mit verzweifelten Händen an den Stoff ihres ursprünglichen Zuhauses geklammert hatte! Hatte sie diese Korrekturen, die sie in Matildas ehrlicher Ausdrucksweise vornahm, nicht heftig verärgert, hatte sie sie vehement abgelehnt, als Arthur versucht hatte, sie sich selbst vorzuschlagen? Aber das wurde alles geändert. Nancy war aus ihrer eigenen Welt abgedriftet – in seine abgedriftet; Wenn sie sich jetzt an irgendetwas festklammerte, dann nicht an ihrer alten Arche, sondern an den rutschigen Felsen und dem Sand der anderen Hemisphäre, auf der sie an Land geworfen worden war. Als sie bei ihrem ersten Schritt darauf fiel, hatte sie heimlich den Boden geküsst, wie es erobernde Eindringlinge getan hatten, um das böse Omen abzuwenden. Sie gehörte nicht mehr zu dem alten Universum, das mit Vater und Mutter begraben worden war und dessen letzte Spuren zusammen mit ihrer sorgfältigen Kleidung in Matildas Truhen fortgetragen werden sollten; aber die andere Welt hatte den zitternden, uneingestandenen Neuling noch nicht aufgenommen. Selbst jetzt hätte Nancy sie behalten, anstatt sich durch irgendeinen formellen Zwang, durch Pflichtgefühl, durch die ihrem Mann und seiner Familie auferlegte Notwendigkeit, oder durch deren Mitleid oder irgendetwas, was man so interpretieren könnte, dazu bringen zu lassen wildes Wort und stürzte mit ihrer Schwester in die ferne Wildnis. Hätte es ein Wort oder einen Gedanken an eine „Vereinbarung" oder Verhandlungen gegeben, sogar an das Recht auf der anderen Seite, sie zu beanspruchen, oder auf ihre Seite auf einen bestimmten Platz als Arthurs Frau, hätte keine Bitte, keine Überredung dazu geführt Nancy akzeptierte, was damit für sie geregelt war. Sie wusste nicht einmal, was sie als Lösung des Problems akzeptieren würde – selbst Arthur, wenn er stand, bevor er ihr seine Arme entgegenstreckte, könnte sie durch einen zufälligen Blick, ein versehentliches Wort von ihm abbringen, anstatt sie zu sich zu bringen . Ihre Gedanken waren immer noch hochfantastisch, obwohl sie sich auf so viele andere Arten verändert hatten. Aber alles, was passiert war, seit sie nach Oakley kam, passte zu ihrem Humor. Die Fortschritte, die sie in der Kenntnis der Umgebung ihres Mannes und in der Gunst seiner Familie gemacht hatte, waren von einer Art, die ihr gefiel und ihr schmeichelte. Die Curtises hatten keinen Grund gehabt, ihre Kritik an ihr zu ändern oder eine Sympathie vorzutäuschen, die sie nicht empfanden; aber sie hatten sich alle zu Nancy hingezogen; und Lady Curtis hatte sie „meine Liebe" genannt! Wie hochmütig hätte sie diesen Ausdruck der Freundlichkeit zurückgewiesen, wenn er früher auf Arthurs Frau gerichtet gewesen wäre; aber als es dem jungen Fremden in Oakley gegeben wurde, dessen Aussehen und Verhalten Mylady angezogen hatten, war es süß. Ja! Sie hatte sie angezogen, sie selbst, nicht irgendetwas außerhalb von ihr. Lucy – Lucy hatte tatsächlich zweifelhaft geantwortet; aber Sir John hatte „von ihr geschwärmt", und Lady Curtis nannte sie meine Liebe! Diese Gedanken ließen Nancys Gesicht strahlen.

Und die drei dazwischenliegenden Tage vergingen schnell in der Aufregung, die sie beherrschte; Jeder schien zu wissen, dass sie am Samstag in die Halle gehen würde. Die Frau des Doktors, die sich zurückgehalten hatte, „bis sie sah, was andere Leute tun würden", hielt im Phaeton ihres Mannes an der Tür und hinterließ eine stattliche Karte, die Matilda, als sie ihr gebracht wurde, als viel mehr erschien beeindruckender als die von Lady Curtis. Und die freundliche Frau Rolt kam mindestens zweimal am Tag vorbei und fragte, was sie anziehen würde. „Wenn es nass ist, soll Sam Sie dorthin fahren, bevor er nach Oakenden geht", sagte sie. Sie war dabei so wählerisch, als wäre Lady Curtis die Königin gewesen; und tatsächlich war sie die Königin des Bezirks und erließ die Gesetze für die Nachbarschaft.

„Jetzt werden alle kommen, um dich zu sehen", sagte Cousine Julia. „Wenn Lady Curtis jemanden anruft, gehen alle hin. Ja, es ist vielleicht albern; Aber wir denken sehr viel an Lady Curtis, meine Liebe. Sie ist sehr liebenswürdig und sehr klug. Haben Sie jemals gehört, dass sie manchmal für die Reviews schreibt? Das tut sie tatsächlich; und man muss ein echtes Genie sein, wissen Sie, um das zu tun; nicht wie kleine Zeitungsausschnitte. Und die Leute müssen eine Art Regel haben – einige werden nicht anrufen, es sei denn, sie haben eine Einführung, und andere werden jeden anrufen. Aber wir machen Lady Curtis zu unserer Herrschaft. Wenn sie geht, gehen wir alle."

„Sie haben nicht gewartet, bis Lady Curtis kam", sagte Nancy dankbar.

"Ach nein! Ich glaube nicht, dass ich es hätte tun können. Ich habe mich in dich verliebt, als ich dich das erste Mal sah, meine Liebe. Ich habe es Lucy direkt erzählt. „*So* hübsch", sagte ich (wie du bist, obwohl die Leute es dir im Allgemeinen nicht so ins Gesicht sagen wie ich), und eine echte Dame. „Dann sollten Sie natürlich anrufen. „Ich wundere mich, dass du nicht sofort angerufen hast", sagte Lucy; und ich habe nicht viel Zeit verloren, nicht wahr, Frau Arthur? Dann wollte ich natürlich unbedingt wissen, wer du bist."

„Sie sind sehr, sehr nett; Aber wie konntest du wissen, wer ich bin? Ich bin niemand", sagte Nancy mit einem Lächeln; und dann fügte sie impulsiv hinzu: „Aber ich bin so froh, dass Sie mich für eine Dame halten." Als diese unerwarteten Worte aus ihrem Mund kamen, änderte Nancy ihre Farbe und wurde trotzig. Aber ihr Entsetzen über ihren eigenen Fehler wurde durch Cousine Julias sanftes Wesen, das gut dazu geeignet war, dem Zorn zu trotzen, völlig gemildert.

„Als ob daran irgendein Zweifel bestehen könnte!" Sie sagte: „Lady Curtis sagt, Sie hätten so hübsche Manieren, und Sir John! Sir John ist wirklich nicht er selbst. Er dachte, Sie müssten die Frau des jungen Seymour sein, von der ich Ihnen erzählt habe, die eine so bewundernswerte Ehe geschlossen hat. Er heiratete einen Angehörigen der Glencoe-Familie, einen ziemlich nahen Verwandten des Earls, ein überaus entzückender Partner. Wie haben wir alle an den armen Arthur gedacht, als der junge Seymour verheiratet war! Aber ich habe Sir John gesagt (Sie dürfen jetzt nicht eitel sein, meine Liebe, aber natürlich muss man sagen, was man denkt), ich habe Sir John gesagt, dass Sie um einiges hübscher sind als Mrs. Henry Seymour; vielleicht nicht ganz so groß, aber *viel* hübscher. Was ist los, meine Liebe, du wirst weiß und du wirst rot?"

Hier verwirrte Nancy ihre Schwester, die anwesend war, verwirrte sich selbst und gewann Mrs. Rolts zärtlichstes Mitgefühl, indem sie die bloße Wahrheit sagte. „Wenn du von Arthur sprichst", sagte sie, „dann denke ich an meinen Mann; und – ich kann nicht anders!" sagte sie, legte ihren Kopf auf Cousine Julias freundliche Schulter und brach in leidenschaftliche Tränen aus. Wie berührt, interessiert und zufrieden war diese gute Frau! Sie bestand darauf, Nancy nach oben zu bringen und sie für eine Weile hinzulegen. „Du armes liebes Kind!" sagte sie und sehnte sich danach, tausend Fragen zu stellen, hielt sich aber heldenhaft zurück; „Aber du musst dich ein wenig ausruhen und dein hübsches Aussehen wiedererlangen. Du darfst morgen nicht blass aussehen. Ich möchte, dass du morgen gut aussiehst." Aber als sie wieder die Treppe herunterkam , lag es nicht in der Natur des Menschen, sich nicht die

Mühe zu machen, etwas aus Matilda herauszubekommen. „Sie hat mir gegenüber noch nie etwas über ihren Mann gesagt“, sagte Frau Rolt. „Es würde ihr gut tun, ein wenig zu reden und nicht alles in ihrem eigenen Herzen zum Schweigen zu bringen, arme Liebe. Ist es schon lange her?“ fragte sie vorsichtig. Sie wusste nicht, was es war, ob Tod oder Trennung. Die Frage musste vage formuliert werden, und Cousine Julia war sich bewusst, dass sie sie sehr erfolgreich formuliert hatte.

„Sie wird es dir selbst sagen“, sagte Matilda. „Sie mag es nicht, wenn andere darüber reden“, und sie öffnete mit großer Bereitwilligkeit die Tür, damit der Besucher gehen konnte.

KAPITEL XIV.

A RTHUR ging am nächsten Morgen erneut zu Durants Gemächern, in der verzweifelten Hoffnung, dass irgendetwas seinen Freund zurückgebracht hätte, ohne den er, wie es ihm schien, nicht wusste, welche Maßnahmen er ergreifen sollte. Durant hatte auf die eine oder andere Weise die Schlüssel zu seinem Vermögen in der Hand und konnte ihn dabei unterstützen, das Richtige zu tun und alles richtig in Angriff zu nehmen. Er hatte nie daran gezweifelt, dass Durant in der Stadt sein und ihm helfen würde, und das erste Gefühl in seinem Kopf war eine Mischung aus Verärgerung und Enttäuschung. Da Durant scheiterte, blieb ihm natürlich nichts anderes übrig, als nach Underhayes zu gehen, wo sein Freund, wie er wusste, bereits ohne Erfolg abgereist war. Aber was gab es sonst noch zu tun, welchen anderen Schlüssel gab es da noch? Am großen Bahnhof, wo er den Zug nach Underhayes bestieg, hatte er das Pech, Denham wiederzutreffen, den er vor nicht allzu langer Zeit in Wien gesehen hatte. Arthur knirschte mit den Zähnen, als er diesen Schmetterling sah, der ihm erneut in den Weg flatterte, zweifellos um seinen Verstand mit irgendeinem dummen Summen zu stören – und tat sein Bestes, um ihm auszuweichen; aber er war kein Mann, dem man aus dem Weg gehen konnte. Er trat mit seiner gewohnten Wärme und Freundlichkeit hervor und war überrascht, den anderen in England zu sehen.

„Du bist hier, Curtis!" er sagte.

„Du sagst immer ‚Du hier', wann immer wir uns treffen", sagte Arthur, halb verärgert, halb amüsiert, als er sich so deutlich an die Begrüßung erinnerte, die dieser Mann ihm in Paris im Bois gegeben hatte. Denham war der Erste seiner Welt, den Nancy kennengelernt hatte, und wie viele kleine Fehler und Meinungsverschiedenheiten, Streitereien, die aus dieser Entfernung so lächerlich grundlos aussahen, die so leicht hätten vermieden werden können, die aber damals in ihren törichten Jungen so schnelle Impulse auslösten Busen – waren aufgetaucht, als sie ihn trafen, mit ihm ins Theater gingen oder seinen Einladungen widerstanden; denn schließlich war er immer freundlich gewesen und hatte versucht, der Braut zu gefallen, so schwer es ihr auch fiel.

„Ja, du tauchst immer so unerwartet auf, gerade wenn man glaubt, du seist hundert Meilen entfernt. Neulich waren Sie in Wien und haben nichts davon gesagt, hierher zu kommen."

„Und du warst neulich in Wien und hast nichts davon gesagt, hierher zu kommen."

„Natürlich sind wir beide Diener der Königin", sagte Denham; „Und öffentliche Angelegenheiten, nicht wahr? nimmt einen großen Teil unserer

Zeit in Anspruch. Aber wissen Sie, Curtis, ich wollte Sie sehen. Ich hoffe, ich habe dich nicht in die Irre geführt? Ich habe dir gesagt, dass ich dachte, ich hätte Mrs. Curtis auf der anderen Seite des Wassers getroffen."

"Ja;" Arthurs Ton war knapp und scharf; Er hatte nicht die Absicht, irgendetwas über Nancy zu hören, als wäre es etwas Neues für ihn, und doch wusste er so wenig und wäre so dankbar gewesen, von irgendjemandem etwas zu hören! Seine Stimme klang in ihrer Aufregung hart und gebieterisch.

„Das heißt nichts für ungut", sagte Denham mit einem Hauch gespielter Demut; „Aber ich finde, dass ich einen Fehler gemacht habe. An einer der Stationen dieser Linie traf ich Mrs. Curtis, das war mein Fehler. Ich vergaß es, bis ich heute hierherkam, als mir plötzlich klar wurde, dass es hier oder irgendwo in der Nähe war. Ich hoffe, ich habe Ihnen keine Sorgen bereitet."

„Überhaupt nicht", sagte Arthur mit leerem Gesichtsausdruck, den er aufgrund seiner diplomatischen Erfahrung zu tragen hatte, wann immer er wollte; Aber schließlich war Denham ein Branchenbruder, und es lohnte sich kaum, es an ihn zu verschwenden. „Die Familie meiner Frau wohnte in der Nähe. Es ist ganz natürlich, dass Sie sie hier kennengelernt haben. Ich hielt es für einen Fehler, Sie erinnern sich vielleicht."

„Ah, hast du? Ich konnte mich nicht erinnern. Ich dachte, ich hätte Ihnen möglicherweise irreführende Informationen gegeben. Ich hoffe, Sie haben gute Berichte?"

Er wusste nicht, was er sagen sollte. Er war ein Klatschhändler und hätte viel dafür gegeben, die Einzelheiten dieser Trennung zu erfahren, besonders jetzt, wo er kurz vor einem halben Dutzend Landhäusern stand; aber gleichzeitig wollte er den Mann, der ihm leid tat, nicht beunruhigen, indem er seine teilweise Kenntnis der Tatsachen verriet. Er hatte viel aus Nancy in Paris gemacht und ihre Eigenheiten, ihre Unwissenheit vielen bewundernden Zuhörern verraten, und er hätte sich ein zweites Kapitel gewünscht, das die Gesellschaft wahrscheinlich noch mehr belustigt hätte. Aber er wollte Arthur nicht beleidigen oder seine Gefühle verletzen. Was könnte er sagen? Sollte er glauben machen, dass er nie etwas gehört hatte? Oder vorsichtig, dass da etwas war, ein Nebel von Berichten, von dem er wusste?

„Perfekt", sagte Arthur mit kalter Selbstbeherrschung. „Ich gehe jetzt zu ihr. Ihre Mutter, an der sie sehr hing, ist kürzlich gestorben."

"Ach wirklich!" sagte Denham; und er beobachtete das Gesicht des jungen Mannes mit scharfem Blick. Glücklicherweise fuhr er selbst nicht mit dem Zug, der nach Underhayes fuhr. Er begleitete Arthur zur Tür seiner Kutsche und stand dort und redete. „Meine *Hommage* an Mrs. Curtis", sagte er, „ich vermute, sie hat mich vergessen; Aber leg mich trotzdem zu ihren Füßen,

Curtis. Ein Gesicht wie ihres vergisst man nicht so leicht; würde es dir nichts ausmachen, wenn ich so viel sage?"

„Oh nein – sicher nicht." sagte Arthur lächelnd. Er stellte sich in eine Ecke des Zuges und war froh, den Blicken des anderen entgehen zu können. Nein, solche Gesichter wie ihres gab es nicht viele. Dann, ganz plötzlich, tauchte ihr Anblick vor ihm auf, als sie an diesem kalten, hellen Wintertag in der kleinen Victoria im Bois saß, er konnte nicht sagen wie; wie strahlend sie ausgesehen hatte! Kein Wunder, dass Denham sagte, man vergesse ein solches Gesicht nicht so leicht. Ihr Mann hatte zwei Jahre lang versucht, es zu vergessen, und jetzt, in dem Moment, als er diese Bemühungen aufgegeben hatte, kam es zurück! Und wo war sie, wo sollte er sie finden? Wie langsam schien der Zug zu fahren! Konnte sie vielleicht irgendwo auf einem der überfüllten Bahnsteige, an denen sie vorbeikamen, sichtbar sein, wo Denham sie gesehen hatte? Er schaute ängstlich hinaus, wann immer sie anhielten. Warum sollte es Denham sein, Denham! Wem war sie egal, der sie gesehen hatte, und nicht Arthur, für den ein solches Treffen neues Leben bedeutet hätte? Dies wurde als Vorsehung bezeichnet; Aber welche seltsamen Fehler – Fehler, die der ärmste Angestellte in einem Büro machen würde, wenn er sie begehen würde – wurden der Vorsehung zugeschrieben. Wenn *er* sie und nicht Denham getroffen hätte, welche Mühe wäre ihm erspart geblieben!

Es war ungefähr Mittag, als er Underhayes erreichte; und als er sich daran erinnerte, was Durant geschrieben hatte, ging er direkt zum Laden von Raisins, dem Lebensmittelhändler. Sarah Jane staubte gerade ihr Wohnzimmer ab, als ihre Zofe ihr mitteilte, dass ein Herr sie sehen wollte. Es war ihr Vergnügen und nicht die Notwendigkeit (sie wollte, dass die Leute das wussten), die sie dazu veranlasste, den Salon selbst abzustauben. Die Bediensteten waren nachlässig, beschädigten die Porzellanornamente und legten bei der Vergoldung nicht die nötige Sorgfalt an den Tag. Aber Sarah Jane hatte diese selbst auferlegte Aufgabe fast erfüllt. Sie legte die lange Federbürste, die sie benutzt hatte, in eine Ecke und zog die Handschuhe ihres Hausmädchens aus.

„Führen Sie den Herrn herein", sagte sie mit einiger Erhabenheit; Doch als sie sah, wer es war, schrie Sarah Jane vor Überraschung und Aufregung auf. „Arthur!" Sie weinte. Sie war fast so erschrocken, als wäre er von den Toten auferstanden.

„Wo ist Nancy?" er sagte. Er war inzwischen so aufgeregt, dass er alle Vorbereitungen vergaß und sich sofort auf das Thema konzentrierte, das ihn interessierte.

„Nancy? Oh, Arthur, warte mal, ich bin so erschrocken. Du hast mein Herz höher schlagen lassen! Wer hat daran gedacht, dich hier zu sehen?"

„Es ist nicht so schön, mich zu sehen, wenn man bedenkt, dass meine Frau schon seit Jahren hier ist. Wo ist sie? Früher warst du freundlich und mitfühlend, Sarah Jane. Sag mir, wo meine Frau ist! Wo ist Nancy? Es kann keinen Grund geben, warum ich es nicht wissen sollte."

„Oh, es ist so schön, dich wiederzusehen", sagte Sarah Jane. „Du warst so lange weg, zweieinhalb Jahre. Es ist eine lange Zeit. Oh, wie ich wünschte, Nancy wäre hier! Ich habe mein Möglichstes versucht, sie dazu zu bringen, dir zu schreiben, als die arme Mutter starb. Aber sie war immer so eigensinnig, wissen Sie."

"Wo ist sie?" sagte Arthur. Er ging auf Sarah Jane zu und packte sie am Arm. Er begann, das bisschen Selbstbeherrschung, das er hatte, zu verlieren, und seine Augen waren vor Aufregung trübe. Es ist unmöglich zu glauben, dass er sie wirklich verletzt hat, aber es gefiel ihr, anzunehmen, dass er es getan hatte, was im Großen und Ganzen auf das Gleiche hinauslief.

„Oh, du Monster!" rief Sarah Jane. „Oh, du Wilder! Wenn Sie die arme Nancy so ausgenutzt haben, wundert es mich nicht, dass sie keine Notiz davon nehmen würde. Lass los, oder ich rufe meinen Mann an. Oh, mein Arm! Ich bin mir sicher, dass es schwarz und blau ist."

„Verzeihen Sie, verzeihen Sie!" sagte der arme Arthur. „Ich wollte dich nicht verletzen, Gott weiß; aber ich bin fast nicht mehr bei Sinnen. Mein gutes Mädchen, sag mir, wo sie ist. Ich war Tag und Nacht unterwegs. Wenn ich ungeduldig bin, müssen Sie mir verzeihen. Sag mir, wo ist meine Frau?"

„Oh, Arthur, es tut mir so leid. Ich hätte nie gedacht, dass du das annehmen würdest. Nancy wäre vielleicht sehr stolz, wenn sie dich so sehen würde. Ich hätte nie gedacht, dass es einem Mann so viel ausmachen würde, sie nehmen die Dinge so locker. Rosinen würden es nie tun. Wenn ich gehen und ihn verlassen würde, würde er es sicher zulassen. Oh, keine Angst, ich bin nicht so dumm, es zu versuchen."

Arthur musste einen heftigen Versuch unternehmen, sich zurückzuhalten; Aber es war klar, dass mit ihr auf eine raffiniertere Art und Weise umgegangen werden musste.

„Beantworten Sie mir eine einfache Frage? Wissen Sie, wo Nancy ist?" er sagte; dann mit wahrerer Politik: „Ich werde später alles über Raisins und dich selbst hören, und du musst mir sagen, was du dir als Hochzeitsgeschenk wünschen würdest."

„Oh, Arthur, wie nett du bist! Ich habe immer gesagt, dass du nett bist. Oh, alles, was *dir* gefällt, da bin ich mir sicher! Sie würden sicher etwas Entzückendes wählen; Und wir sind Bruder und Schwester, nicht wahr, Arthur? Ich muss dir zum Dank einen Kuss geben", sagte Sarah Jane.

Der Kuss schadete nicht und Arthur akzeptierte ihn demütig. Als es vorbei war, zog er sich etwas weiter zurück, nahm aber ihre Hand und hielt sie fest.

„Das alles danach", sagte er. „Sie können sicher sein, dass ich alles tun werde, um Ihnen zu gefallen. Aber sag es mir zuerst, sag es mir jetzt, weißt du, wo sie ist? Ich muss das zuerst hören. Du kannst es mir nicht sagen, es sei denn, du weißt es."

„Genau das ist es", sagte Sarah Jane. „Natürlich hätte ich es dir direkt sagen sollen. Sie versprachen, zu schreiben, aber sie schrieben nur ein einziges Mal."

„Was bedeuten *sie* ? Wer war bei ihr und woher kam der Brief?"

„Halten Sie mich nicht so fest, Sie machen mir Angst", rief Sarah Jane. „Es war Matilda, die bei ihr war. Charley ist nach Neuseeland gegangen und Matilda ist hinter ihm her; und Raisins und ich, wir wissen nicht, ob wir nicht folgen dürfen. Zerquetsche meine Hand nicht so, Arthur, du tust mir weh. Der Brief enthielt kein Datum. Nein, ich kann nicht sagen, dass ich damit gerechnet habe, es schon wieder zu hören; fünf Wochen, das ist nicht so sehr lang."

„Und wolltest du nicht schreiben? Vielleicht hättest du dir gewünscht, deine Schwester wiederzusehen."

„In fünf Wochen und ich geheiratet?" sagte Sarah Jane naiv: „Oh nein; Ich wusste, dass sie schreiben würden, wenn sie mich wollten, und wofür sollte ich sie wollen? Wenn Sie in Schwierigkeiten sind, sollten Sie natürlich an Ihre Freunde denken; aber wenn es dir sehr gut geht und du ganz glücklich bist, was willst du dann mit ihnen? Aber, Arthur, um dir zu zeigen, dass ich die Wahrheit spreche, werde ich dir den Brief holen, wenn du mich gehen lässt; Und wenn du dann etwas daraus machen kannst – lass mich gehen, Arthur. Ich verspreche, dass ich dir den Brief bringe. Oh, bitte, mehr kann ich dir nicht sagen. Lass mich gehen!"

Als er das tat, wovor er halb Angst hatte, hielt sie ihr Wort und holte aus einem bunten, rot gefütterten Schreibtisch einen zerknitterten Zettel mit den Abdrücken fettiger Finger darauf hervor, dessen Anblick Arthur verriet , armer Kerl, ein widerliches Gefühl. Kleine Gefühle vermischen sich so sehr mit großen, dass der Gedanke, dass solch ein schmieriger Fetzen ein Relikt seiner Frau sei, ihm einen so deutlichen Schmerz bereitete, als wäre ihm eine große Enttäuschung widerfahren. Ein Liebhaber, wie er sich immer noch fühlte, hätte bereit sein müssen, die gemeinste Botschaft, die von der Geliebten kam, auf seine Lippen oder sein Herz zu nehmen; aber das löste in ihm ein Gefühl des Ekels aus. Und doch, wie sehr er Nancy liebte und wie sein Herz bei dem Gedanken, eine Spur von ihr zu finden, raste und klopfte. Es war eine Erleichterung und gleichzeitig eine schreckliche Enttäuschung, als ich feststellte, dass der schmierige Brief überhaupt nicht von Nancy, sondern von Matilda stammte, da es die Finger von Mr. Raisins und die Tasche seiner Braut waren, die die Flecken hinterlassen hatten Der Brief, Nancys eigenes Autogramm, könnte sich in genau demselben Zustand befunden haben, ohne den Schutz der Göttlichkeit, die eine geliebte Frau beschützen sollte.

„Ich weiß nicht, wo sie sich niederlassen will und auch nicht, was wir tun werden", schrieb Matilda. „Sie ist immer das gleiche hochnäsige Wesen wie eh und je. Sie erzählt von einem Haus, von dem sie irgendwo auf dem Land gehört hat. Mehr kann ich dir nicht sagen; aber ich werde noch einmal schreiben; und in der Zwischenzeit werden Sie sich freuen zu hören, dass ich sehr schönen Kattun habe und mit meinem Outfit begonnen habe."

Das war alles.

„Sie *ist* so begeistert von ihrem Outfit", sagte Sarah Jane. „Man könnte meinen, so etwas hätte noch nie jemand gehabt. Aber die arme Matilda war in ihrer Art immer altmädchenhaft. Herr, Arthur! Was ist los? Hast du etwas herausgefunden? Was für eine Wendung hast du mir gewiss gegeben!" rief Sarah Jane.

Es war etwas, das Arthur auch „eine Wendung" verlieh, soweit diese Wirkung bei einem männlichen Subjekt erzielt werden kann. Es war lediglich der Poststempel „Oakenden" auf dem Briefumschlag. Er hatte es noch nie zuvor gesehen und auch nicht danach gesucht, da er zu sehr auf die darin enthaltenen Informationen gespannt war. Es erschreckte ihn jetzt über alle Maßen. „Oakenden!" wiederholte er vor sich hin wie im Traum. Etwas mehr als Zufall, ein Plan, den er nicht ergründen konnte, ein vages Zittern der Bedeutung, das noch nicht verständlich war, aber zum Licht tendierte, schien durch das Wort zu flackern. Es war die Poststadt der *Heimat* . Er kannte es so gut wie das Dorf vor den Parktoren seines Vaters. Was hatte sie ausgerechnet dorthin geführt?

„Danke", sagte er und sprach, wie er fühlte, aus einem Nebel vagen Staunens und aufkeimender Hoffnung heraus, der ihn in eine ganz eigene Atmosphäre einzuhüllen schien. „Danke; ich denke, das wird von Nutzen sein. Ich kenne den Ort. Auf Wiedersehen. Ich muss gleich los und nachsehen, ob sie dort sind."

„Bleib einen Moment stehen", sagte Sarah Jane. „Bleib stehen und iss mit uns zu Abend. Raisins würde dich gern sehen, und – wo ist der Ort, Arthur? Ich würde es auch gern wissen, denn man weiß nie, was passieren kann, und sie sind zwei einsame Frauen, die niemanden haben, der sich um sie kümmert. Es ist so anders, wenn ein Mann dabei ist."

„Ich werde es dich wissen lassen, wenn ich sie gefunden habe", sagte Arthur.
„Auf Wiedersehen, ich kann jetzt nicht länger warten."

„Aber Arthur, halt doch und iss zu Abend! Hör mal", sagte Sarah Jane und
stellte sich zwischen ihn und die Tür, „willst du sie zurücknehmen? Ist es das,
was du meinst?"

„Nimm sie zurück?" sagte er mit einem halben Stöhnen. „Habe ich sie
weggeschickt?"

„Denn schauen Sie mal", sagte Sarah Jane, „ich sage nicht, dass Sie kein
Recht haben, wütend zu sein. Rosinen würden nicht die Hälfte, nein, noch
einen Zehntel von mir aushalten, was Sie von Nancy ausgehalten haben.
Aber sie ist jetzt nicht mehr dieselbe. Sie ist so stolz, dass sie es dir niemals
zeigen wird, wenn sie es verhindern kann; aber sie ist sehr verändert. Sie kann
jetzt nicht bei ihren eigenen Eltern leben. Deshalb sind sie und ich nicht mehr
so befreundet wie früher; aber ich nehme an, es wird dir gefallen. Sie wird
zum Lernen usw. mitgenommen, und sie findet ihre eigenen Leute nicht gut
genug in der Gesellschaft. Sie wird für uns da sein, das sollte mich nicht
wundern, sobald sie dich sieht; Aber glaub ihr nicht, Arthur. Alles, was sie
tun konnte, war, einen von uns so lange zu behalten, wie die arme Mutter
lebte. Sie ist so verändert wie möglich. Sie ist eine Dame, das ist sie
heutzutage", sagte Sarah Jane.

Arthur hörte diese lange Rede nur teilweise; er hatte keine Geduld damit. Er
beobachtete die Tür und nutzte die Gelegenheit, als Sarah Jane ihre Rede
beendet hatte, um zu eilen und ihr mit der Hand zu winken.

„Na ja, da bin ich mir sicher!" sagte sie, als er die Treppe hinunterstürmte;
und Mr. Raisins machte beim Abendessen viele Witze über die Torheit des
Mannes, der ein Stück „ *dieses* Rindfleischs" zurückließ, um einer rebellischen
Frau nachzulaufen.

„Sie sollte bleiben, wo sie war, wenn ich sie in der Hand hätte", sagte der
Lebensmittelhändler, nicht ohne zu ahnen, dass das Beispiel für Sarah Jane
gefährlich war. „Sie würden nicht finden, dass ich ihr mein Abendessen
überlasse, eine Frau, die mich aufgegeben hat." Er meinte nicht, dass seine
Frau diesbezüglich irgendwelche Illusionen hegen sollte. Was auch immer
„Schwellungen" sein mögen, Lebensmittelhändler waren nicht so dumm.

Ohne einen Moment zu verlieren, eilte Arthur direkt zum Bahnhof. Er
pilgerte nicht zum Haus der Bates, wie Durant es getan hatte; Er strich an
dem alten Sofa aus Stoffbezügen vorbei, das Regen und Feuchtigkeit
ausgesetzt vor der Tür des Maklers stand, ohne sich seiner Existenz bewusst
zu sein. Er wusste nur, dass ein Zug gleich abfahren würde. Als er nach
London zurückkam, fuhr er, ohne einen Moment zu verlieren, zum anderen
Gleis und fuhr so früh wie möglich nach Oakenden. Er kam am späten

Nachmittag dort an, mit nichts, nicht einmal einer Tasche, und erinnerte sich an nichts außer der Tatsache, dass Nancy dort gewesen war. Aber was konnte er tun, als er dort ankam? Er wusste nicht, wie er eine solche Nadel in dieser Heuflasche finden sollte. Die Stadt war nicht groß, aber es herrschte viel Betriebsamkeit. Schon seit Arthur sein Zuhause verlassen hatte, gab es dort neue Straßen; Und welche mühsame Arbeit musste er auf sich nehmen, bevor er die beiden finden konnte, die sich in einem der fünfhundert neuen kleinen Backsteinhäuser hätten verstecken können? In der Abenddämmerung machte er einen schnellen Spaziergang durch die neuen Straßen und blickte dabei auf alle Salonfenster. Es war unwahrscheinlich, dass das Glück auf seinen Appell antworten würde, indem es Nancy genau in dem Moment, in dem er vorbeikam, zur Wache bringen würde. So etwas könnte Denham passieren, der nichts damit zu tun hatte, aber nicht ihm, für den es alles war. Wenn er einen Verbrecher gesucht hätte, hätte es vielleicht Hoffnung für ihn gegeben, oder wäre er in einem der gesegneten Länder gewesen, in denen jeder *Ses-Papiers hat* ? Warum hat in England nicht jeder *Ses-Papiers* ? Arthur war in der Hitze seiner Gefühle bereit, sein Erstgeburtsrecht aufzugeben, wenn ihm das geholfen hätte, seine Frau zu finden.

Endlich fiel ihm das Postamt ein, und er zog seinen Hut bis über die Stirn und den Mantelkragen übers Kinn und begab sich dorthin, um zu sehen, ob er einen Hinweis finden könnte. Curtis? Oh ja, da waren die Curtises von Oakley, Sir John und Ihre Ladyschaft, die bekanntesten Leute in der Grafschaft; und Reverend Hubert im Pfarrhaus und die alte Miss Curtis in Oakley Dene. In der Stadt? Nun ja, es gab eine Mrs. Curtis in Acorn Terrace, Nr. 12; war noch nicht lange dort; Ich habe nicht sehr viele Briefe bekommen. „Ja, wahrscheinlich ist das die Dame", sagte Arthur mit laut klopfendem Herzen. Ohne zu zögern ging er auf die kleine neue Backsteinterrasse. Ihm schien, dass es an dieser Sache nun keinen Zweifel mehr geben könne. Er wusste, dass Nancy keinen falschen Namen annehmen würde. Wie unbewusst musste sie sein, wer in der Nacht zu ihr kam – denn es war jetzt ganz dunkel, die Lampen brannten, die Wohnzimmerfenster leuchteten. Im Fenster von Nr. 12, Acorn Terrace, war heller Feuerschein, man hörte einen Klavierklang und jemanden sang. Könnte sie es *sein* ? Er klopfte, sein Herz klopfte lauter als jeder Klopfer, und wurde mit unschuldiger Zuversicht eingelassen. Ja, Frau Curtis war zu Hause; und das Dienstmädchen hatte die Lampe vorbereitet, die sie vor ihm trug und einfach verkündete: „Ein Gentleman, bitte, Ma'am." Die Bewohner erkannten Arthur, bevor er sie erkannte, und eine sanfte alte Dame mit einer Witwenmütze erhob sich von einem Stuhl am Feuer. Was blieb Arthur übrig, als Entschuldigungen hervorzustottern, seine Stimme erstickte vor Enttäuschung. „Ich bitte tausendmal um Verzeihung, es ist ein Fehler", sagte er, stürmte wieder hinaus und ließ die Damen halb wütend, halb interessiert im Salon zurück. Was für eine Leere der Hilflosigkeit umgab ihn, als er wieder nach draußen kam, heiß vor Scham und zitternd vor dem Schock seiner Enttäuschung. Es war offensichtlich, dass dies keinen Zweck hatte, und wohin konnte er sich wenden, um weitere Nachforschungen anzustellen? Nicht zur Polizei, als wäre seine unschuldige Frau die Täterin gewesen. Er konnte Nancy dieser Demütigung nicht aussetzen. Er ging noch ein oder zwei Stunden durch die Straßen und fragte sich, was er tun könnte. Ein Verzeichnis? Ihr Name würde nicht darin stehen. Die Post hatte ihn im Stich gelassen; und er konnte nicht wie die orientalische Prinzessin ihren Namen durch die Straßen rufen. Nancy! Nancy! Er würde es vielleicht in alle vier Winde widerhallen lassen, aber was würde das für ihn bedeuten? Endlich kam ihm der Gedanke, es mit den Hotels zu versuchen, als ihm das Datum von Matildas Brief einfiel; aber nirgendwo hatte man von Damen gehört, die die Namen Mrs. Curtis und Miss Bates trugen. In einem der Hotels (wahrscheinlich überhaupt) erkannten sie ihn, und da er zu diesem Zeitpunkt vor Erschöpfung und Enttäuschung am Boden lag, beschloss er, die ganze Nacht zu bleiben und seinem Diener zu telegrafieren, dass er ihn am nächsten Tag dort treffen sollte. Er musste jetzt nach Hause, wo er so nahe war; nicht heute Abend, sondern morgen, wenn er besser in der Lage war, Fremde zu treffen. Fremde! sein eigener Vater und seine eigene Mutter, seine vertrauten Freunde, die Diener, die ihn seit seiner Kindheit gepflegt und sein ganzes Leben lang geliebt hatten; aber ein beschäftigter Geist ist immer unnatürlich. Sie waren ihm jetzt ebenso fremd.

Kapitel XV.

Samstag morgen! sehr hell, aber kalt, ein Schneesprenkel auf dem Boden, frisch und leicht wie ein permanenter Raureif, auch die Bäume sind alle mit Frost bedeckt, mit weißen Rändern, wie die Lichter in einer Schneelandschaft. Nancy trat in ihrer Schwärze vor diesem weißen Hintergrund doppelt deutlich hervor, durch die lange, geschwungene Linie ihres schlichten Kleides und Umhangs, ihr Gesicht strahlte vor Lebendigkeit und Gesundheit und unterdrückter Erregung. Vergnügen, aber auch Schmerz, ein glückliches Gefühl, zufrieden zu sein, ein sehnsüchtiges Verlangen, noch mehr zu gefallen, vermischten sich mit dem Gefühl, dass sie am Rande eines Abgrunds stand und dass nichts diese Täuschung entschuldigen konnte, außer der Tatsache, dass es so war einmal, nur einmal, und wenn das vorbei sei, sollte alles erzählt werden. Sie küsste ihre Schwester beim Ausgehen, was für sie sehr ungewöhnlich war. „Denk an mich, bis ich zurückkomme", sagte sie. Nancy hatte das Gefühl, dass es in ihrem Leben noch keinen verzweifelteren Moment gegeben hatte. Sie hatte keine Angst davor, und dennoch war sie ein einziges Pulsieren, ein einziges Pochen. Sie konnte kaum mit den Menschen sprechen, die sie unterwegs traf, nickte aber mit einem wehmütigen Gefühl der Freundlichkeit. Wenn sie alle freundlich von ihr denken würden, würde das sie dann nicht in der gegenwärtigen Prüfung unterstützen, und in den noch schwierigeren, die danach kommen müssen? Denn nachdem sie dies getan hatte, würde alles vorbei sein, es würde keine Entschuldigung mehr geben, hier zu bleiben. Sie konnte nicht im Schatten ihrer Flügel leben und sie weiterhin betrügen. Und sie musste Oakley „lieben". Es war Arthurs Haus, wo ihn jeder kannte, und dort zu leben war für sie ein Schutz, ein Schutzschild gegen ihre Unvorsichtigkeit, was auch immer geschah. Was hatte sie sonst noch auf der Welt? selbst wenn Matilda sie verlassen hätte, wäre sie vielleicht dort geblieben und hätte ruhig gelebt; Ohne diese Täuschung, die sie nicht aufrechterhalten konnte und die sie dieses eine Mal ausnutzen würde – nur dieses eine Mal, aber nicht mehr. Dies war einer der seltenen Fälle, in denen die am unmittelbarsten betroffene Person sich selbst härter beurteilte als andere. Weder Durant noch Lucy machten ihr Vorwürfe, dass sie hier heimlich lebte; Vielmehr berührte sie beide den Gedanken, dass sie sich auf diese unbekannte Weise demütig der guten Meinung der Eltern ihres Mannes empfehlen wollte. Aber Nancys einfacher, geradliniger Geist empfand die stillschweigende Unwahrheit ihrer Position als unhaltbar. Welche Vorteile es ihr auch bringen mochte, ihre Pflicht war es, die Wahrheit zu sagen und die Konsequenzen zu tragen. Sie hatte viel falsch gemacht; aber sie hatte nie gelogen.

Lady Curtis sah sie aus dem Fenster des Morgenzimmers kommen und konnte nicht anders, als sich selbst Beobachtungen über die feine, elastische

Figur zu machen, deren Instinkt sie mit besonderer Energie spürte, als der junge Fremde die Allee heraufkam. Was war es, das sie heute mit so fester Sicherheit und Anmut wandeln ließ? Normalerweise hatte sie einen Hauch von Schüchternheit an sich, fast Unbeholfenheit, die Unbeholfenheit, die auf ihre Art eine Art Anmut ist, das Schwanken der Jugend, die sich ihrer eigenen Bewegungen nicht ganz sicher ist. Aber Nancy dachte nicht an ihr Aussehen oder daran, dass jemand sie ansah; aber nur an den großen Moment, der nahte. Lady Curtis kam ihr entgegen und streckte ihr die Hand entgegen.

„Das ist mein Haustierzimmer, meine Liebe", sagte sie lächelnd. „Du musst zuerst hierher kommen. Setzen Sie sich ans Feuer und lassen Sie sich auftauen, dann werden Sie alles sehen. Es entspricht zwar nicht dem jetzigen Geschmack, aber trotzdem gefällt es mir. Willst du deinen Umhang nicht ausziehen? Wir können es hier hinstellen oder es mit nach oben nehmen, wenn wir gehen. Draußen muss es sehr kalt sein."

„Nicht, wenn man geht", sagte Nancy, und als sie ihren Umhang ablegte, wurde eine kleine Papierrolle sichtbar. „Ich habe dir die – Skizzen mitgebracht", sagte sie errötend; „Sie sind es nicht wert, als Muster bezeichnet zu werden."

„Sie sind viel besser als Muster. *Ich* nenne sie Zeichnungen", sagte Lady Curtis mit schmeichelhafter Freundlichkeit und breitete sie auf dem Tisch aus. Welche Schmerzen hatte Nancy ihnen auferlegt! und folglich wollten sie die spontane Anmut des ersten Entwurfs, den Lady Curtis so gelobt hatte. Aber meine Dame applaudierte ihnen, als wären sie aus der Feder von Raffaele selbst gekommen, und zeigte ihren Crewels und ihren ausgeführten Arbeiten, was Nancy mit Ehrfurcht erfüllte.

„Meine sind nicht so gut wie diese", sagte sie kopfschüttelnd; „Ich werde sie zurücknehmen und versuchen, es besser zu machen." Sie war enttäuscht und plötzlich traten ihr Tränen in die Augen. Aber Lady Curtis nahm die Zeichnungen vorsichtig weg, lächelte und schüttelte den Kopf.

„Sie gehören mir", sagte sie, „du hast sie mir gegeben." Schauen Sie, hier ist meine private Bildergalerie, Frau Arthur; Erinnerst du dich, mein Sohn, den du kennengelernt zu haben glaubtest? Sie können sich davon überzeugen, indem Sie sich sein Porträt ansehen. und Lucy – kennst du Lucy? Ich habe sehr viel Wert auf meine Kinder gelegt, hier sind sie in jedem Alter. „Hier ist das Erste von meinem Jungen – und dort ist das Letzte", sagte Lady Curtis und zeigte auf ein gerahmtes Foto auf dem Tisch. Sie wunderte sich, dass der Besucher sich nicht bewegte, um es anzusehen. Nancy hielt die Miniatur des Kindes in ihren zitternden Händen. Sie hätte nicht sprechen oder aufstehen können, um ihr Leben zu retten. Schau ihn an – sie, die zu ihm gehörte, zu der er mehr gehörte als zu seiner Mutter – sie konnte es nicht tun! Selbst im Gesicht des Kindes lag etwas, das sie fast nicht ertragen konnte.

„Die Kenner von heute werden zu meinem hübschen Zimmer nichts zu sagen haben", sagte Lady Curtis; „Aber vielleicht denken Sie auch so und mögen Dunkelheit und neutrale Farbtöne. NEIN? Darüber bin ich froh. Hier habe ich fast mein ganzes Leben verbracht", sagte sie und verfiel in jene verführerische Art sanfter Erinnerungen, die für uns alle selbstverständlich zu sein scheint, wenn wir unter den Jungen alt werden, so wie wir neulich noch jung unter den Jungen waren alt und liebte es, das leise Geplapper der Erinnerung aus den Lippen älterer Menschen zu entlocken. Nancy spürte den Zauber, der sie trotz ihrer Aufregung beruhigte, und schaute lauschend auf, mit Augen, die immer größer wurden, wie die lauschenden Augen eines Kindes.

„Ich habe es nach meinem Belieben eingerichtet, nachdem ich geheiratet hatte, als ich zum ersten Mal nach Oakley kam." Sie sagte. „Sir John interessiert sich nicht für solche Dinge, er war immer zufrieden, wenn ich immer zufrieden war; und all unsere kleinen Gespräche, die wir hier geführt haben; Und dann die Kinder – alles, was sie Mama zu sagen hatten, war, dass dies der richtige Ort war. Als Arthur ein Schuljunge war, stürmte er immer sofort hierher, sobald er ankam; Und hier machten sie alle ihre Pläne, er und sein Schulfreund Lewis, der immer noch ein sehr lieber Freund ist. Ich glaube, ich kann ihre kleinen Gesichter im Feuerschein sehen", sagte Lady Curtis. „Mein Arthur! Ach, wenn er mir gegenüber immer so offen gewesen wäre wie damals!"

Nancy erstickte vor Tränen. Sie konnte sich nur Mühe geben, nicht aufzuschreien – es war meine Schuld, es war meine Schuld! Alles, was sie konnte, war, sich davon abzuhalten, zu Lady Curtis' Füßen zu kriechen, sie zu küssen und laut zu weinen. Sie saß still und schwieg, sie konnte nicht sagen wie.

„Aber ich darf nicht darüber reden und mich zum Weinen bringen", sagte meine Dame, „das wäre eine schlechte Unterhaltung für Sie." All diese Dinge sind Geschenke, sie wurden mir schon das eine oder andere Mal gebracht. Sir John gab mir meine Uhr; Es handelt sich um ein echtes Exemplar aus dem 17. Jahrhundert, und wir haben es nur durch Zufall entdeckt. Arthur brachte mir diesen Sèvres mit, als er zum ersten Mal ins Ausland ging. Komm, ich habe dich mit meiner absurden Rede verärgert. Ich kann mir vorstellen, dass du weißt, was es bedeutet, wegen der Menschen, die du liebst, in Schwierigkeiten zu sein."

Meine Dame war im Moment hinter Nancy, legte plötzlich ihre Arme um sie und umarmte sie leicht halb. Es war Dankbarkeit für ihr vermeintliches Gefühl. Nancy stolperte mit einem lauten Schrei auf die Füße: „Oh, meine Dame – meine Dame! Wenn Sie wüssten! wenn du nur wüsstest!"

Lady Curtis sah sie starr an, ihre Wange war leicht gerötet. Schließlich wusste sie nichts von dieser seltsamen jungen Frau, die sie so voreilig empfangen hatte. Was wäre, wenn sich herausstellen sollte, dass sie etwas ist, das nicht für die Gesellschaft guter Frauen geeignet ist? Sie sah sie mit einem kurzen Misstrauen an.

„Wenn es einen ernsthaften Grund gäbe, warum Sie nicht in mein Haus kommen sollten, wären Sie meiner Meinung nach nicht gekommen", sagte sie bedeutungsvoll. Nancy antwortete nicht – ihre Gedanken waren von einem ganz anderen verhindernden Grund beschäftigt als dem, der Lady Curtis in den Sinn kam; aber sie schreckte auch nicht vor diesem Blick zurück, den sie nicht verstand. Der Drang war stark in ihr, alles zu erzählen, nicht weiter zu gehen, die ganze Geschichte jetzt preiszugeben.

„Nach heute", sagte sie mit zitternden Lippen, „wollte ich Ihnen, wenn Sie zuhören würden, alles über mich erzählen. Aber vielleicht, dachte ich mir, würdest du mich dann nicht mögen – vielleicht würdest du wütend sein; und ich dachte, dass ich mir das eines Tages als Erster gönnen könnte."

"Armes Kind!" sagte Lady Curtis und lächelte halb. „Es kann keine sehr große Bosheit sein, über die du glaubst, ich wäre wütend, wenn du sie mit solch einem unschuldigen Gesicht erzählst. Still, still! Sie fügte hinzu: „Nicht mehr davon, hier ist Lucy. Du sollst deinen Tag haben und es mir später erzählen. Vor ihr kein Wort."

Hatte Lady Curtis *auch Angst vor Lucy*? Sie kam herein und schaute wie immer, vielleicht nicht misstrauisch, aber *als ob sie wüsste* – wusste sie etwas? und schüttelte Nancy die Hand. „Du zeigst Mrs. Arthur zuerst dein eigenes Zimmer, Mama; Sie sagen ihr genau, was Sie von ihr erwarten, und überreden sie, es zu loben. Das ist es, was Sie immer tun; aber Papa möchte, dass sie in die Bibliothek gebracht wird. Nein, hier ist er hinter mir her", sagte Lucy, als ein schwerer Schritt auf die Tür zukam. Nancy stand gerade auf, zitternd und geschüttelt, ihre Lippen zitterten immer noch, die Tränen waren ihr noch nicht aus den Augen verschwunden, als Sir John hereinkam. Er kam auf sie zu und streckte ihr seine große, weiche Hand eines alten Mannes entgegen.

„Du musst mich nicht vorstellen, Lucy. Ich kenne diese Dame bereits. Sie war sehr nett zu mir, wie ich schon sagte. Ich versichere Ihnen, dass es sehr gegen meinen Geschmack war, einer jungen Dame zu erlauben, der ich so gerne hätte dienen sollen, sich so viel Mühe für mich zu nehmen. Aber meine Entschuldigung ist eine, zu der wir alle kommen müssen, auch die Schönsten. Wenn ein Mann alt ist –"

„Ich war so froh", sagte Nancy mit leiser Stimme, und ihre Augen mit der Feuchtigkeit darin sahen so verlockend aus, dass Sir Johns Herz berührt wurde. Er blickte sich um und hob seine schweren Augenlider, um zu sehen, ob irgendetwas sichtbar war, das diese Emotion erklären könnte. Als er dann sah, dass auch seine Frau Anzeichen von Mitgefühl zeigte, kam er zu dem Schluss, dass die arme junge Witwe (wie er sie vermutete) ihre Geschichte dem mitfühlenden Ohr meiner Dame erzählt hatte.

„Ich glaube, dass Ihnen das Haus gezeigt wird", sagte er und reichte seinen Arm, „und Sie müssen sich von mir selbst meine Bibliothek zeigen lassen. Ich habe nicht sehr viel", sagte Sir John mit diesem Ton gespielter Demut, der den Erfahrenen niemals täuscht, „das ist einen Blick wert; Aber es gibt ein oder zwei Bilder und etwas alten römischen Müll, der Sie vielleicht nicht interessiert. Sie lieben Antiquitäten? Zumindest weiß ich, dass du freundlich zu ihnen bist", sagte er und tätschelte ein wenig väterlich ihre Hand, während sie sie schüchtern auf seinen Arm legte. Nancy spürte, wie es ihr schwindlig wurde, als sie, auf Sir Johns Arm gestützt, durch die große Halle ging. Er redete die ganze Zeit mit ihr und machte sie auf das eine und andere aufmerksam. „Das ist einer unserer Schätze – es ist ein Stück Flachrelief, das in einem alten Tempel in der Nähe von Rom gefunden wurde. Waren Sie schon einmal so weit? Ah! Dann haben Sie das Vergnügen zu kommen. Ich denke, es ist viel besser, als dorthin zu gehen, wenn man zu jung ist, um zu schätzen, was man sieht. Ja, das ist mein Lieblingszimmer. Sie sehen, es gibt viele Bücher – sehr viel mehr, als ich heutzutage gebrauche –, einige davon sind vielleicht nicht ganz die Lektüre einer Dame; Aber es gibt sehr viele, von denen ich glaube , dass sie Ihnen gefallen würden und zu denen Sie immer willkommen sein werden. Dies ist eines der Bilder, auf die wir stolz sind. Es ist ein Sir Joshua. Es ist das Porträt meines Großvaters. Ah! Du fängst an, siehst du die Ähnlichkeit? Es *ist* meinem Sohn sehr ähnlich. Meine Dame hat Ihnen zweifellos von ihm erzählt? Ja, Arthur war ihr Augapfel; und wird noch sein – und wird noch sein, bitte Gott."

Nancy hörte nicht mehr viel. Das Ersticken dieser Tränen, die sie nicht zu vergießen wagte, und dieser Worte, die sie nicht sagte, war mehr, als sie ertragen konnte. "Oh! bitte verzeihen Sie mir!" Sie sagte laut schluchzend: „Ich kann nicht anders. Nein, nein, ich bin nicht krank – aber es bringt so viele Dinge zurück –"

„Meine liebe junge Dame", sagte Sir John alarmiert. „Du bist verärgert. Soll ich Sie zu Lady Curtis zurückbringen, oder werden Sie sich hier ausruhen?"

„Oh, nur für einen Moment!" rief Nancy. Der Ausbruch hatte sie erleichtert. Er ließ sie in seinem eigenen großen Sessel Platz nehmen, schwieg ein paar Minuten und sah sie mit ernstem Mitgefühl an. Sie hatte keine Angst vor Sir John. Er (sie vermutete) würde es nie herausfinden, wie sehr sie sich auch selbst verraten würde. Er war nicht schnell, wie Nadeln, wie die Damen. Es gab Sicherheit in ihm. Und dieses Gefühl der Sicherheit half ihr, sich selbst zu überwinden. Sie stand sofort mit einem Lächeln auf und sagte, es gehe ihr besser. Der alte Mann hatte es nicht eilig – er war zufrieden mit seiner hübschen Begleiterin und durchaus bereit, sie zu belustigen. Danach führte er sie durch die Bibliothek und verschonte ihr kein einziges Relikt. Er hatte sich schon seit langer Zeit nicht mehr so sehr dafür interessiert. Sie hörte allem, was er sagte, mit größtem Interesse zu, und wenn sie nicht viel sagte, was spielte das für eine Rolle? „Ich bin sehr unwissend", sagte sie zunächst und er mochte sie umso mehr. Sie passten vollkommen zueinander. Sie wurde nicht ungeduldig wie meine Dame und machte sich nicht über alles lustig, wozu Lucy manchmal die Kühnheit hatte; aber sie hörte mit größtem Interesse zu, als könnte sie nie zu viel hören. Die Bibliothek war fast erschöpft, als die Glocke zum Mittagessen läutete. „Lady Curtis wird sich fragen, was aus uns geworden ist", sagte er und reichte ihr erneut seinen Arm, „und ich bin sicher, ich habe Sie erschöpft."

Währenddessen lächelten Lucy und ihre Mutter einander an. „Wir haben keine Chance, Sie zu sehen, nicht einmal mit Ihrem Vater, gegen einen hübschen Fremden", sagte Lady Curtis, „aber ich hoffe, sie ist nicht müde von all diesen Antiquitäten, so wie Sie und ich, Lucy, obwohl wir es nicht sollten Sei."

„Oh, sie wird es nicht zeigen", sagte Lucy mit einem kleinen, unwillkürlichen Anflug von Verachtung; aber Lady Curtis hat dieses Gefühl nicht herausgefunden.

„Ja, sie ist ein sympathisches junges Wesen. Sie weinte fast mit mir wegen Arthur, obwohl sie nichts über Arthur wissen kann. Es ist vielleicht nicht das, was harte Leute als ganz aufrichtig bezeichnen, aber es ist sehr charmant und geht zu Herzen."

"Oh! „Ich habe nicht gesagt, dass sie nicht aufrichtig ist", sagte Lucy mit Gewissensbissen; und dann weckte die Mittagsglocke sie, und sie gingen durch die Halle ins Esszimmer, gefolgt von Sir John, der im selben Moment aus seiner Bibliothek kam und mit seiner höfischen, altherrlichen Höflichkeit den Fremden voranging. Das Alter ist die Zeit, in der Höflichkeit am erlesensten wird – wie jene *Cortesia* , die die alten Italiener zu einem Attribut Gottes selbst machen. Sir John platzierte Nancy neben sich am Tisch. Sie hatte noch nie an einem so liebevoll bedienten Tisch gesessen. Die großen, stillen Lakaien erfüllten sie fast mit Ehrfurcht. So etwas hatte sie noch nie gesehen, außer in dem Pariser Hotel, das schließlich nur ein Hotel war, das von plappernden Schnellkellnern bedient wurde, nicht von feierlichen Buckram-Männern wie diesem. Nancy war mit jedem Moment mehr und mehr beeindruckt.

„Jetzt haben Sie sie schon lange genug", sagte Lady Curtis. „Sie muss jetzt den Salon und alle Prunkräume sehen."

„Ich hoffe, Sie haben den Salon richtig gelüftet. Ich hatte nie Vertrauen in diesen Raum. Ich habe gewusst, dass es kalt ist", sagte Sir John mit einem entsetzten Blick. „Kommen Sie zurück in Ihr Zimmer, Mylady, zum Tee. Es ist das gemütlichste im Haus."

„Das ist auf seine eigene Rechnung, nicht auf unsere", sagte Lady Curtis, als sie ihrerseits Nancy wegführte. Der Salon war ein sehr großer, edler Raum, der durch Säulen unterteilt war, und seine Pracht raubte Nancy erneut den Atem. Sie führten sie rundherum, um sich die Bilder anzusehen, und dann setzte Mylady den Fremden in einen großen Stuhl vor dem Feuer, um sich auszuruhen. Noch nie hatte jemand so viel Angst um sie gehabt und Angst gehabt, sie zu überanstrengen. Übermüde sie! Wenn meine Dame es nur wüsste? Nancy, kräftig und jung, hätte ihren Dirigenten genauso leicht herumtragen können wie ein Kind; aber sie konnte die Last nicht tragen, unter der sie schwankte – die Last der Verschleierung und, wie sie es sich vorstellte, der Täuschung. Dies überwältigte sie mit einer fieberhaften Unfähigkeit. Sie war froh, als man ihr befahl, still zu sein. Welche Aufregung war in all ihren Adern! und doch war sie glücklich – eingehüllt in einen seltsamen, köstlichen, überwältigenden, schmerzhaften Traum. War es ihr Zuhause, wirklich ihr Zuhause, in dem sie so ruhte, oder ein Haus, das sie heute für immer verlassen würde? Sie war nicht in der Lage, die Frage zu beantworten, sondern saß still da, an diesem Winternachmittag, während draußen noch die Sonne schien, in einer Trance seltsamer und gemischter Gefühle, aus sich selbst herausgehoben.

Der Salon blickte nicht auf die Vorderseite des Hauses. Seine großen Fenster öffneten sich in den Blumengarten meiner Dame, eine Art Märchenparadies, hatte Nancy gedacht, in dem das Gras sehr grün war und in dem es noch Blumen gab. Ankünfte oder Abreisen störten die Bewohner dieses elysischen Ortes nicht; Aber als sie zusammensaßen und im Moment nicht viel redeten, Nancy zuliebe, die sich „ausruhte", schien eine Art unbeschreibliche Geräuschwelle im Haus aufzusteigen. Etwas von Rädern, etwas von schnellen Schritten, dann ein wenig entferntes Stimmengewirr, dann das Klingeln mehrerer Türen, die sich öffneten und schlossen. „Jemand, der ruft, nehme ich an", sagte Lady Curtis ruhig, „aber Sie dürfen sich nicht rühren, meine Liebe." Lucy war in der Nähe der Tür. Was sie hörte, was ihre Neugier weckte oder ihr das Unmögliche nahelegte, was tatsächlich geschehen war, lässt sich unmöglich sagen. Ihr Geist befand sich in einem Zustand höchster Anspannung und Aufregung, was ihr eine Art zweites Sehen und zweites Hören verleiht. Sie schlich sich hinter den großen Schirm, der den Raum vor Zugluft schützte, und öffnete sanft die Tür. Sie hörte plötzlich die schweren Schritte ihres Vaters aus seiner Bibliothek und dann einen zitternden Aufschrei in seiner sonst ruhigen Stimme. Auch Lady Curtis hatte begonnen zuzuhören. „Was ist das für ein Aufruhr", sagte sie, „ruf an, Lucy, und frag?"

Aber Lucy war außer Hörweite. Sie war den Korridor entlang geeilt, um mit eigenen Augen zu sehen und mit eigenen Ohren zu hören. „Ja, Sir, ich bin es; Ich habe nicht geschrieben, weil ich nicht wusste, dass ich heute hierher kommen könnte. Wo ist meine Mutter?" war das, was sie hörte. Auch Lucy hatte den Impuls zu schreien, in den Flur zu eilen und sich auf ihren Bruder zu stürzen, und es kostete sie große Mühe, sich zurückzuhalten. Ihr Herz machte einen wilden Sprung bis zum Hals – dann drehte sie sich um und eilte zurück. Was würde passieren? „Lucy – Lucy! Hast du gefragt, was los ist?" sagte Lady Curtis und stand mit natürlicher Aufregung auf. Sie dachte sofort an Arthur, wie zu erwarten war; aber trotz der wachsenden Angst fand sie Zeit, ihrem Besucher ein freundliches Wort zu sagen. „Macht nichts", sagte sie, „rühr dich nicht – du brauchst dich nicht zu stören – Lucy! Wo bist du? Was ist es?" sagte meine Dame. Und dann stieß sie einen halben Schrei aus und stürmte zur Tür, wobei sie den Schirm zurückschob, der den Raum vor dem Feuer verdeckt hatte.

„Ja, Mutter, hier bin ich", sagte Arthur, als er hereinkam.

Zumindest einer aus der Gruppe hatte keine Augen für ihn, keinen Gedanken an ihn. Lucy sah ihren Bruder nicht einmal an; Und als sein Blick sie dort stehen sah und dies sah, folgte Arthur, den Arm immer noch um seine Mutter geschlungen, instinktiv, um zu sehen, welches Interesse seine Schwester von ihm abhalten könnte. Nancy war beim Klang seiner Stimme von ihrem Platz aufgestanden. Jeder Hauch von Farbe war aus ihren Wangen verschwunden, ihre Augen sahen aus, als hätte sie eine Leidenschaft des Staunens, die fast einer Qual gleichkam, weit geöffnet, ihre Lippen waren auseinandergefallen. Sie stand regungslos da und starrte, konnte aber nichts sehen.

"Mein Gott!" er weinte und legte seine Mutter beiseite.

Sir John war ihm ins Zimmer gefolgt. Sie waren alle da, alle, die am meisten interessiert waren, und alle spürten instinktiv, dass etwas Größeres und Seltsameres geschehen war als Arthurs Heimkehr.

„Was ist es, was ist es?" rief Lady Curtis mit scharfer, schmerzerfüllter Stimme.

Ihr Sohn entfernte sich nur einen Schritt von ihr und fing ihren unbekannten Besucher, ihre seltsame Nachbarin, die junge Frau, zu der sie alle so freundlich gewesen waren, in seinen Armen auf.

"Nein nein Nein!" Sie alle hörten Nancy weinen, schrill und voller Angst oder Angst, sie konnten nicht sagen, was; und dann fiel sie aus seinen Armen und fiel zusammen auf den Boden.

„Habe ich sie getötet?" sagte er und sah sich mit verängstigtem und bleichem Gesicht um, während Sir John und seine Mutter ihn sprachlos vor Erstaunen ansahen.

„Nein, nein", rief Lucy, die ihre Sinne besaß; „Es ist nicht schlimmer als eine Ohnmacht. Oh, seht ihr nicht, seht ihr nicht, was es ist, ihr alle? Sie konnte es kaum lassen, es dir zu sagen."

„Was hatte sie mir zu sagen? Wie meinst du das? Was ist das, was ist das, Lucy? Ich verstehe nicht."

Arthur hatte einen Arm unter dem Kopf seiner Frau.

„Es geht ihr besser, sie kommt zurück", rief er und streckte die andere Hand mit einem Blick in die Runde aus. „Mutter, Gott segne dich! Sie haben sie hier beschützt, während ich überall nach ihr gesucht habe", sagte er. „Wenn ich dir vorher nicht alles schuldig wäre, würde ich dir jetzt mein Leben schulden."

„Arthur! Was hat er mit ihr zu tun? Ihr Name ist – Ah!" Lady Curtis endete mit einem lauten Schrei.

Und Sir John, der völlig verwirrt war, trat einen Schritt vor und sah sie an, wo sie lag und seine Brille feierlich in der Hand hielt.

„Ich fürchte, sie ist ohnmächtig geworden", sagte er. „Ich dachte, es ginge ihr nicht sehr gut. Es ist besser, deine Mutter und ein Dienstmädchen zu verlassen, das sich um sie kümmert, Arthur. Wir interessieren uns für die junge Dame, aber wir interessieren uns mehr für Sie."

Während er sprach, kam Nancy zu sich, kämpfte sich hoch und kniete nieder.

„Ich bin nicht ohnmächtig geworden", sagte sie heiser; „Nur das Licht ging von mir weg. Ich wollte niemanden täuschen. Ich sagte genau das eines Tages; Ich wollte dich und Arthurs Zuhause sehen. Ich wollte dich nicht täuschen. Wenn du willst, werde ich gehen und dich nie wieder belästigen."

„Nancy!" rief Arthur, „Nancy!" Er legte seinen Arm um sie und hielt sie fest. Er hatte neben ihr gekniet, während sie dort lag, und war sich der flehenden Haltung nicht bewusst, die ihn durch den Zufall annehmen ließ. „Schau mich an", sagte er, „schau *mich an* ! Wenn dir Arthurs Zuhause am Herzen lag, war dir dann auch *ich egal* , Nancy? Du wirst nie weggehen, außer mit mir."

Nancy stand hastig auf und löste sich von ihm. Sie war am Ende ihrer launischen Seele. Würde sie wieder losbrechen, in die Kälte und die Dämmerung hinausstürzen? Alles hing vom Impuls des Augenblicks. Sie warf all diesen aufgeregten Gesichtern einen wilden Blick zu. Sir John hatte seine Brille aufgesetzt, um die außergewöhnliche Lage der Dinge, die ihm jetzt klar wurde, besser zu verstehen.

„Mir scheint", sagte er langsam, „wenn ich es verstanden habe, kann es hier nicht darum gehen, wegzugehen, weder für diese junge Dame noch für jeden von uns." Ist es möglich – ich möchte nicht unhöflich sein, aber Sie werden die Frage entschuldigen – ist es möglich, dass Sie, soweit ich weiß, die Frau meines Sohnes sind?"

Nancy wurde im Moment des Zweifels ertappt. Sie selbst drehte sich um und sah Arthur an. Ihre Augen wurden weicher, ihre Blässe begann zu leuchten. Er zog ihren Arm in seinen und sie wehrte sich nicht.

„Ja", sagte sie mit einem langen, leisen Seufzer. Es war kaum zu erkennen, um welches Wort es sich handelte und welches das anhaltende Flattern des Atems war.

„Dann, meine Liebe – obwohl ich deinen Namen vergessen habe", sagte der alte Herr, ging auf sie zu, nahm ihre losgelassene Hand und küsste sie sehr feierlich auf die Stirn, „du bist im Haus seines Vaters herzlich willkommen."

"Und ich?" sagte Lady Curtis mit einem kleinen Stöhnen. Grammatik und Emotion passen nicht immer zusammen. „Ich habe Arthur nur halb gesehen, und muss ich mich sofort an Arthurs Frau wenden?"

„Wenn du dich um mich sorgst, Mutter! –"

" Um dich *sorgen* ! Hörst du, wie er dich lästert, junge Frau, die seine Frau ist? Und er war mein kleiner Junge, mein Kind, bevor er dich jemals sah. Kümmere dich um ihn! so nennt er es", sagte die Mutter weinend, aber auch lächelnd, wie ihre Art war. "Wie heißt du? Nancy! Ja, ich weiß es gut genug; Ich frage es nur aus Widerspruch. Hier ist mein Kuss, Nancy. Ich wusste nicht, dass du meine Tochter bist, aber ich mochte dich; und das ist besser, als dir nur um seinetwillen einen Kuss zu geben. Wenn du dich um ihn kümmerst, wie er es nennt, wirst du mich auch mögen. Wo ist Lucy die ganze Zeit, die an der Verschwörung beteiligt war – wer wusste …"

„Ich habe es nur geahnt", sagte Lucy und trat ihrerseits vor.

Aber Lucy war diejenige von allen, deren Grüße am wenigsten herzlich waren. Sie war froh, aber es gefiel ihr irgendwie nicht. Es gefiel ihr nicht, wenn meine Dame „meine Tochter" sagte. Das war ein unerwarteter Stich. Sie formulierte ihre Begrüßungen sehr hübsch, aber auf eine Weise, die die aufgeregte Gesellschaft wieder zum geselligen Leben erweckte.

„Und ich denke, Sie werden Ihr eigenes Zimmer bequemer finden", sagte Sir John; „Und Sie sind heute Nachmittag sicherlich später als gewöhnlich beim Teetrinken, Mylady."

Man kann annehmen, dass es sich bei diesem Tee nicht um den beruhigenden Trank handelte, den er diesen aufgeregten Menschen normalerweise bot; und es war für alle eine Erleichterung, als beschlossen wurde, dass Arthur mit seiner Frau ins Dorf gehen sollte, um ihrer Schwester von dem außergewöhnlichen Ereignis zu erzählen, das geschehen war, und Vorkehrungen für Nancys Umzug in die Halle zu treffen. Sie gingen gemeinsam auf die dunkle Allee, Arm in Arm, froh über die Dunkelheit und mit dem Gefühl, dass sie für sie geschaffen war, als – wenn es Morgen und hell gewesen wäre, hätten sie gespürt, dass sie für sie geschaffen war . Es geht uns nichts an, zu wiederholen, was sie einander zu sagen hatten. Menschen treffen sich nach solchen Trennungen nicht wieder, ohne dass ihr Glück genug Schmerz mit sich bringt, um sie demütig zu machen; Und doch war der Spaziergang ins Dorf am winterlichen Abend einige Mühe wert. Sir John stand immer noch mit seiner Tasse in der Hand zwischen den beiden Rokoko-Amoretten auf dem Kaminsims, als sie gingen. Er war zu den gewöhnlichen Gewohnheiten seines Lebens zurückgekehrt, was nach jeder Störung immer eine angenehme Sache ist.

„Es scheint mir“, sagte er, „dass es ein großes Glück war, dass wir Arthurs Frau zufällig in die Hände bekamen und sie als eine so tadellose Person empfanden, bevor wir wussten, wer sie war; und es war hübsch, dass sie sich Mrs. Arthur nannte. Ich habe es zunächst nicht bemerkt, aber es war natürlich ihr richtiger Name. Und alles in allem denke ich, dass wir der Vorsehung sehr dankbar sein können, Mylady, dass die Dinge so gut gelaufen sind“, sagte Sir John, stellte seine Tasse ab und ging langsam davon, wie es seine Gewohnheit war. Als die Tür geschlossen wurde, was er immer so vorsichtig tat, packte meine Dame Lucy an der Taille, die ebenfalls weggehen wollte.

„Mein Liebling“, sagte sie, „wir müssen das Eisen schmieden, solange es heiß ist, solange dein Vater so zufrieden ist.“ Gehen Sie in diesem Moment und schreiben Sie, bevor der Beitrag veröffentlicht wird. Sagen Sie Lewis, er solle morgen sofort kommen; er sollte keinen Tag verlieren.“

„Soll ich, Mama?“ Lucy kroch ein wenig näher an ihre Mutter heran, die sie doch nicht vergaß.

„Ja, sofort. Ich hasse sie alle!" rief Lady Curtis mit einem kleinen Ausbruch und nahm mir meine Kinder weg. Aber ich nehme an, Sie werden glücklicher sein; Und du weißt, wie Arthur sagt, ich sorge mich – ein wenig – um *dich* .“

DAS ENDE.